THORWALD DETHLEFSEN
Gut und Böse

Esoterische Texte ausgewählt von
Thorwald Dethlefsen

W0396723

GOLDMANN VERLAG

Umwelthinweis:
Alle bedruckten Materialien dieses Taschenbuches
sind chlorfrei und umweltschonend.
Das Papier enthält Recycling-Anteile.

Der Goldmann Verlag
ist ein Unternehmen der Verlagsgruppe Bertelsmann

Genehmigte Taschenbuchausgabe
© 1989 by Wilhelm Goldmann Verlag, München
Nachweis der Einzelrechte im Quellenverzeichnis
Umschlaggestaltung: Design Team München
Druck: Elsnerdruck, Berlin
Verlagsnummer: 12114
Ba · Herstellung: Gisela Ernst/sc
Made in Germany
ISBN 3-442-12114-0

5 7 9 10 8 6 4

INHALT

Wohin soll ich flüchten vor deinem Geiste?
Wohin vor deinem Antlitz entfliehn?
Stiege ich zum Himmel empor, so bist du zugegen;
wollte ich in der Unterwelt lagern,
so bist du auch dort.
Nähm' ich des Morgenrots Schwingen
und ließe mich nieder am fernsten Gestade:
Auch dort noch wird deine Hand mich geleiten
und halten mich deine Rechte.
Und sagte ich auch: Finsternis soll mich bedecken
und Nacht mich umgeben wie sonst das Licht:
So ist doch Finsternis selbst nicht dunkel für dich,
Nacht ist dir hell wie der Tag.

Psalm 139, 7–12

Von Gut und Böse

Und einer von den Ältesten der Stadt sprach: »Rede uns von Gut und Böse.«

Und er antwortete:

Vom Guten in euch vermag ich zu reden, doch nicht vom Bösen.

Denn was ist das Böse anders als Gutes, das von seinem eigenen Hunger und Durst gefoltert wird?

Wahrlich, so das Gute hungrig ist, sucht es Nahrung in dunklen Höhlen, und dürstet es, so trinkt es selbst von totem Gewässer.

Und ihr seid gut, so ihr mit euch selber einig seid.

Doch seid ihr nicht mit euch einig, so seid ihr dennoch nicht schlecht.

Denn ein entzweites Haus ist nicht eine Räuberhöhle; es ist nur ein uneiniges Haus.

Und ein Schiff ohne Ruder mag ziellos irren unter gefahrvollen Inseln und dennoch nicht bis auf den Grund sinken.

Ihr seid gut, so ihr danach strebet, euch selber zu geben.

Denn so ihr nach Gewinn strebet, seid ihr nur eine Wurzel, die sich an die Erde klammert und an ihrer Brust saugt.

Wahrlich, die Frucht kann nicht zur Wurzel sprechen: »Sei wie ich, reif und voll und stets aus deiner Fülle gebend.«

Denn das Geben ist der Frucht eine Notwendigkeit, wie das Empfangen für die Wurzel eine Notwendigkeit bedeutet.

Ihr seid gut, so ihr völlig wach seid in eurer Rede.

Doch seid ihr nicht schlecht, so ihr schlaft, derweil eure Zunge ziellos stammelt.

Und selbst stolperndes Reden mag eine schwache Zunge stärken.

Ihr seid gut, so ihr festen und kühnen Schrittes eurem Ziele zustrebt.

Doch seid ihr nicht schlecht, so ihr hinkend darauf zugeht. Denn auch die Hinkenden schreiten nicht rückwärts.

Doch ihr, die ihr stark und flink seid, sehet zu, daß ihr nicht vor den Lahmen hinket, in der Meinung, dies sei Güte jenen gegenüber.

Ihr seid gut in unzähligen Dingen, und ihr seid nicht schlecht, so ihr nicht gut seid.

Ihr seid nur säumig und träge.

Schade, daß der Hirsch der Schildkröte nicht die Schnellfüßigkeit beizubringen vermag!

In eurem Verlangen nach eurem höchsten Ich liegt eure Güte, und diese Sehnsucht lebt in jedem von euch.

Doch in etlichen unter euch ist diese Sehnsucht wie ein Gießbach, der mit Macht dem Meere entgegenrauschet und die Geheimnisse der Hügel und die Weisen des Waldes mit sich trägt.

Und in andern ist sie wie ein flacher Fluß, der sich in Winkeln und Windungen verliert und säumt, ehe er das Ufer erreicht.

Doch wer viel verlangt, spreche nicht zu jenem, der wenig verlangt: »Warum bist du so langsam und zaudernd?«

Denn der wahrhaft Gute fragt nicht den Nackten: »Wo ist dein Gewand?« – noch den Unbehausten: »Was ist mit deinem Haus geschehn?«

Satan

Die Menschen betrachteten Vater Samaan als ihren Führer in geistigen und theologischen Fragen. Er war eine Autorität und eine Quelle nicht enden wollender Auskünfte über läßliche und schwere Sünden und sehr bewandert in den Geheimnissen der Hölle, des Paradieses und des Fegefeuers.

Vater Samaans Sendung im Nordlibanon ließ ihn von einem Ort zum anderen wandern; er predigte und heilte die Menschen von der geistigen Krankheit der Sünde und errettete sie aus den schrecklichen Fallen des Teufels. Die Fellachen verehrten und achteten diesen Gottesmann und waren stets bemüht, seinen Rat oder seine Gebete mit Gold und Silber zu bezahlen. Bei jeder Ernte gaben sie ihm die besten Früchte ihrer Felder.

An einem Herbstabend, als Vater Samaan auf dem Weg zu einem einsamen Dorf Hügel und Täler durchwanderte, hörte er einen schmerzerfüllten Schrei aus einem Graben bei der Straße. Als er stehenblieb und in Richtung der Stimme blickte, gewahrte er einen unbekleideten Mann, der am Boden lag. Das Blut floß in Strömen aus den tiefen Wunden an seinem Kopf und seiner Brust. Sein Stöhnen um Hilfe war mitleiderregend: »Rettet mich, helft mir. Erbarmt euch meiner, ich sterbe.« Vater Samaan sah bestürzt auf den gequälten Mann und sagte zu sich selber: »Der Mann muß ein Dieb sein. Er hat wahrscheinlich versucht, Wanderer auszurauben, und es ist ihm mißlungen. Ich fürchte, wenn er stirbt, werde ich noch angeklagt, ihn umgebracht zu haben.«

Nach diesen Überlegungen wandte er sich, um seinen Weg fortzusetzen. Aber der Sterbende hielt ihn zurück: »Verlaßt mich nicht! Ich sterbe.« Daraufhin überdachte der Vater die Lage noch einmal, und sein Gesicht wurde blaß, als ihm bewußt wurde, daß er Hilfe verweigerte. Seine Lippen bebten, als er zu sich selbst sagte: »Er muß einer von den Narren sein, die durch die Wildnis wandern. Der Anblick seiner Wunden läßt mein Herz erzittern. Was soll ich tun? Ein Heilkundiger der Seele kann wohl keine Wunden des Fleisches heilen?« Vater Samaan tat einige Schritte, als der Halbtote eine schmerzerfüllte Klage ausstieß, die einen Stein erweicht hätte: »Kommt, kommt näher zu mir! Denn wir waren lange Zeit Freunde... Ihr seid Vater Samaan, der gute Hirte, und ich bin weder ein Dieb noch ein Narr. Kommt näher und laßt mich nicht an diesem verlassenen Ort sterben. Kommt, und ich will euch erzählen, wer ich bin.«

Vater Samaan näherte sich dem Mann, kniete nieder und sah ihn aufmerksam an; aber er erblickte ein fremdes Gesicht mit widersprüchlichen Zügen. Er sah Intelligenz und Schlauheit, Häßlichkeit und Schönheit, Bosheit und Milde. Er erhob sich, trat einen Schritt zurück und rief aus: »Wer bist du?«

Mit vergehender Stimme antwortete der Sterbende: »Fürchtet mich nicht, Vater, denn wir waren lange gute Freunde. Helft mir aufzustehen und bringt mich zum nahen Bach und reinigt meine Wunden mit eurem Leinen.« Aber der Vater fragte weiter: »Sagt mir, wer ihr seid, denn ich kenne euch nicht, noch kann ich mich entsinnen, euch je gesehen zu haben.«

Der Mann antwortete mit gequälter Stimme: »Ihr wißt, wer ich bin. Ihr habt mich tausende Male gesehen, und jeden Tag sprecht ihr von mir. Ich bin euch näher als euer eigenes Leben.« Der Vater erwiderte: »Ihr seid voll Lüge und Betrug. Ein Sterbender sollte die Wahrheit sagen... Niemals in meinem Leben habe ich euer von Bosheit erfülltes Gesicht gesehen. Sagt mir, wer ihr seid, oder ich werde zusehen, wie ihr umkommt, ertränkt in eurem eigenen, entfliehenden Leben. Da bewegte sich der Verwundete langsam, sah in die Augen des Gottesmannes, und auf seinen Lippen lag ein geheimnisvolles Lächeln. Mit ruhiger, tiefer, sanfter Stimme sagte er: »Ich bin Satan!«

Als er das furchtbare Wort vernahm, stieß Vater Samaan einen schrecklichen Schrei aus, der in den Weiten des Tales widerhallte. Dann starrte er den anderen an und bemerkte, daß der Körper des Sterbenden mit seinen grotesken Verrenkungen dem Abbild Satans auf einem der religiösen Bilder der Dorfkirche sehr ähnlich war. Er erzitterte und rief aus: »Gott hat mir dein höllisches Bild gezeigt und zu Recht bewirkt, daß ich dich hasse. Sei für immer verflucht! Der Hirte muß das kranke Lamm schlachten, auf daß es die anderen nicht anstecke!«

Der Teufel antwortete: »Sei nicht so eilig, Vater, und verlier nicht kostbare Zeit mit leerem Gerede. Komm schnell und schließ meine Wunden, bevor das Leben aus meinem Körper entwichen ist.« Der Gottesmann antwortete: »Die Hände, die Gott täglich ein Opfer darbringen, sollen nicht einen Leib berühren, der der Ausfluß der Hölle ist. Du mußt sterben, verflucht von allen Zungen durch die Jahrhunderte. Fluchen sollen dir die Menschen, denn du bist der Feind der Menschheit, und es ist dein erklärtes Ziel, alle Tugend zu zerstören.«

Der Teufel wand sich vor Qual, stützte sich auf einen Ellbogen und erwiderte: »Du weißt nicht, was du sagst, noch begreifst du das Verbrechen, das du auf dich nimmst. Sei auf der Hut; schenk mir deine Aufmerksamkeit, denn ich will dir meine Geschichte erzählen. Ich wanderte heute allein in diesem abgeschiedenen Tal. Als ich an diese Stelle kam, stieg eine Gruppe Engel herab, um mich anzugreifen, und verletzte mich schwer. Wenn nicht der eine dabeigewesen wäre, der mit dem Flammenschwert mit den zwei scharfen Enden, ich hätte sie in die Flucht geschlagen, aber ich hatte keine Macht gegen dieses Schwert.« Der Teufel hielt einen Augenblick in seiner Erzählung inne und preßte seine zitternde Hand auf eine Wunde an seiner Seite. Dann fuhr er fort: »Der bewaffnete Engel – ich glaube, es war Michael – war ein erfahrener Gladiator. Hätte ich mich nicht auf den freundlichen Boden geworfen und vorgegeben, erschlagen zu sein, er hätte mich bis zum grausamen Tod zerrissen.«

Mit triumphierender Stimme, die Augen dem Himmel zugewandt, betete der Vater: »Gesegnet sei der Name Michaels, der die Menschheit von diesem bösen Feind befreit hat.«

Aber der Teufel protestierte: »Mein Menschenhaß ist nicht größer als deine eigene Geringschätzung. Du lobst Michael, der nie kam, um dich zu retten. Du verfluchst mich in der Stunde meiner Niederlage, obwohl ich immer die Quelle deiner Ruhe und deines Glückes war. Du verweigerst mir deinen Segen und deine Freundlichkeit, dennoch lebst und gedeihst du im Schatten meiner Existenz. Meine Existenz liefert dir sowohl Rechtfertigung als auch Waffen für deinen Lebensweg, und meinen Namen verwendest du als Begründung für deine Taten. Hat nicht meine Vergangenheit bewirkt, daß du mich jetzt und in Zukunft brauchst? Hast du dein Ziel erreicht im Ansammeln des gewünschten Reichtums? Hast du es am Ende unmöglich gefunden, noch mehr Gold und Silber von deinen Anhängern zu erhalten, indem du mein Reich als Drohung verwendest?

Hast du noch nicht begriffen, daß du verhungern müßtest, wenn ich tot wäre? Was würdest du morgen tun, wenn du mich heute sterben läßt? Welcher Berufung würdest du folgen, wenn mein Name verschwunden wäre? Jahrzehntelang bist du durch diese Dörfer gewandert und hast die Menschen davor gewarnt, in meine Hände zu fallen. Sie haben deinen Rat gekauft mit ihren armen Denaren und den Früchten ihres Landes. Was sollten sie morgen bei dir erstehen, wenn sie begreifen, daß ihr böser Feind nicht mehr existiert? Dein Beruf ginge mit mir dahin, wenn die Menschen vor Sünde gesichert wären. Als Priester begreifst du nicht, daß nur die Existenz Satans seine Feindin, die Kirche, erschaffen hat? Dieser alte Konflikt ist die geheime Hand, die Gold und Silber aus den Taschen der Gläubigen zieht und es für immer im Beutel der Prediger und Missionare verschwinden läßt. Wie kannst du zulassen, daß ich hier sterbe, wenn du weißt, daß du damit deinen Ruf, deine Kirche und deinen Lebensunterhalt verlierst?«

Der Teufel verstummte für einen Augenblick, seine Unterwürfigkeit verwandelte sich in Zuversicht, und er fuhr fort: »Vater, du bist stolz, aber unwissend. Ich will dir die Geschichte des Glaubens enthüllen, in der du die Wahrheit finden sollst, die unser beider Wesen zusammenfügt und meine Existenz mit deiner verbindet.

In der ersten Stunde, am Beginn der Zeiten, stand der Mensch vor dem Angesicht der Sonne, streckte ihr seine Arme entgegen und rief zum erstenmal: Hinter dem Himmel ist ein großer, liebender, gütiger Gott. Dann wandte der Mensch dem großen Lichtkreis seinen Rücken, erblickte seinen Schatten auf der Erde und rief aus: In den Tiefen der Erde ist ein dunkler Teufel, der das Böse liebt.

Darauf ging der Mensch zu seiner Höhle und flüsterte vor sich hin: Ich stehe zwischen zwei mächtigen Kräften. Bei einer muß ich Zuflucht nehmen, gegen die andere muß ich kämpfen. Die Zeiten gingen dahin, der Mensch lebte zwischen den beiden Mächten, die eine segnete er, denn sie erhöhte ihn, die andere verfluchte er, denn sie verursachte ihm Furcht. Niemals aber begriff er den Sinn von Fluch und Segen. Er stand zwischen beiden wie ein Baum zwischen dem Sommer, in dem er grünt, und dem Winter, in dem er friert.

Als der Mensch die Zivilisation heraufdämmern sah, begann er, nach seinem menschlichen Verstand Familien zu gründen. Darauf folgte die Sippe, in der man die Arbeit nach Fähigkeit und Talent aufteilte. Der eine Stamm bepflanzte das Land, der andere baute Wohnstätten, der dritte fertigte Gewänder oder ging auf die Jagd. Dann erschien die Kunst des Wahrsagens auf der Erde, und das war der erste Beruf des Menschen, der jeder wirklichen Notwendigkeit entbehrte.«

Der Teufel hielt einen Augenblick inne in seiner Rede. Dann lachte er, und seine Heiterkeit ließ das leere Tal erbeben. Aber sein Lachen brachte ihm seine Wunden in Erinnerung, und er legte seine Hand auf seine Seite und litt an seinen Schmerzen. Er stützte sich auf und fuhr fort: »Die Gabe der Weissagung erschien auf der Erde und trieb seltsame Blüten.

Im ersten Stamm gab es einen Mann, den sie La Wiss nannten. Der Ursprung des Namens ist mir unbekannt. Er war ein intelligentes Geschöpf, aber äußerst faul, und Arbeit wie Ackerbau oder Häuserbauen oder Viehhüten oder jede andere Tätigkeit, die mit körperlicher Arbeit oder Anstrengung zu tun hatte, war ihm zuwider. Weil man aber zu dieser Zeit Essen nur durch harte Arbeit bekommen konnte, mußte La Wiss viele Nächte mit leerem Magen schlafen.

An einem Sommerabend, als die Mitglieder des Stammes bei der Hütte ihres Ältesten versammelt waren, das Ergebnis des vergangenen Tages besprachen und die Nacht herannahte, sprang plötzlich einer von ihnen auf, zeigte auf den Mond und rief aus: ›Seht den Gott der Nacht! Sein Angesicht ist dunkel, seine Schönheit verschwunden. Er hat sich in einen schwarzen Stein verwandelt, der an der Himmelskuppel hängt!‹ Die Menge starrte den Mond an, stumm vor Ehrfurcht. Die Menschen wurden vor Furcht geschüttelt, als ob die Krallen der Finsternis nach ihren Herzen gegriffen hätten: sie sahen, wie der Gott der Nacht sich langsam in einen dunklen Ball verwandelte, das helle Angesicht der Erde sich veränderte, und wie Hügel und Täler vor ihren Augen hinter einem schwarzen Schleier verschwanden.

In diesem Augenblick trat La Wiss hervor – er hatte schon eine Mondfinsternis gesehen und wußte, welch einfache Begründung es dafür gab – aber er war fest entschlossen, seine Chance zu nützen. Er stand in der Mitte der Schar, hob seine Hände zum Himmel und sprach mit lauter Stimme: ›Kniet nieder und betet, denn der böse Gott der Finsternis liegt im Kampf mit dem hellen Gott der Nacht. Wenn der böse Gott die Oberhand gewinnt, werden wir alle umkommen, aber wenn der Gott der Nacht gewinnt, werden wir am Leben bleiben. Betet mit Inbrunst... bedeckt eure Gesichter mit Erde... schließt eure Augen und erhebt eure Gesichter nicht zum Himmel, denn wer Zeuge des Kampfes der Götter ist, wird Augenlicht und Verstand verlieren; Blindheit und Wahnsinn werden ihn begleiten ein Leben lang. Neigt eure Köpfe tief zur Erde, und mit eurem ganzen Herzen unterstützt den Gott der Nacht gegen seinen Feind, der auch der unsere ist!‹

La Wiss fuhr fort, auf diese Art zu sprechen und gebrauchte viele geheimnisvolle Worte, die er selbst erfunden und die die anderen niemals gehört hatten. Nach diesem ausgeklügelten Betrug – der Mond war wieder herrlich anzusehen wie zuvor – erhob er seine Stimme noch lauter und sagte in eindrucksvollem Ton: ›Erhebt euch und blickt auf den Gott der Nacht, der über seinen bösen Feind triumphiert hat. Nun setzt er seinen Gang am Sternenhimmel fort. Seid euch bewußt, daß ihr ihm durch euer Gebet geholfen habt, den Teufel der Finsternis zu überwinden. Darum scheint er heller als je zuvor.‹

Die Menge erhob sich und starrte den Mond an, der in großer Helligkeit erstrahlte. Ihre Angst verwandelte sich in Ruhe, und ihre Verwirrung wurde zur Freude. Sie begannen zu tanzen und zu singen, sie schlugen mit Stäben auf Metall und erfüllten das ganze Tal mit ihrem Gesang und Geschrei.

In dieser Nacht rief der Stammesälteste La Wiss zu sich und sagte zu ihm: ›Du hast etwas getan, das kein Mensch vor dir getan hat. Du hast gezeigt, daß du um verborgene Geheimnisse weißt, die keiner von uns versteht. Im Einverständnis mit dem Willen meiner Leute sollst du nach mir der Ranghöchste im Stamm sein. Ich bin der Stärkste, du bist weise und gelehrt. Du bist der Mittler zwischen unseren Leuten und den Göttern, du sollst uns ihr Begehren und ihr Verhalten deuten, und du wirst uns lehren, was wir tun müssen, um den Segen und die Liebe der Götter zu bewahren!‹

La Wiss versicherte ihm in seiner durchtriebenen Art: ›Alles, was der Gott der Menschen mir in meinen überirdischen Träumen enthüllt, werde ich euch übermitteln im Zustand des Wachens, und ihr könnt versichert sein, daß ich als Mittler zwischen Gott und euch wirken werde.‹ Der Älteste war es zufrieden, gab La Wiss zwei Pferde, sieben Kälber, siebzig Schafe und siebzig junge Lämmer und sprach zu ihm: ›Die Männer des Stammes sollen für dich ein starkes Haus bauen, und von jeder Ernte werden sie dir einen Teil der Feldfrüchte abtreten, auf daß du als ehrenwerter und geachteter Meister leben kannst.‹

La Wiss erhob sich, um sich zu entfernen, aber der Älteste hielt ihn zurück und sagte: ›Wer und was ist der eine, den du Gott der Menschen nennst? Wer ist dieser verwegene Gott, der mit dem glorreichen Gott der Nacht ringt? Wir haben nie über ihn nachgedacht!‹ La Wiss strich sich über die Stirne und antwortete ihm: ›Mein verehrter Meister: in alten Zeiten, vor der Erschaffung des Menschen, lebten alle Götter friedlich zusammen in einer Welt hinter der Weite der Sterne. Der Gott der Götter war ihr Vater, er wußte, was sie nicht wußten, und tat, was sie nicht vermochten. Und er behielt die göttlichen Geheimnisse, die über allen ewigen Gesetzen waren, für sich. In der siebenten Epoche des zwölften Zeitalters erhob sich der Geist Bahtaars, der den großen Gott haßte, gegen seinen Vater, und er sagte: Warum behältst du Macht und Autorität über alle Wesen für dich und verbirgst vor uns die Geheimnisse und Gesetze des Universums? Sind wir nicht deine Kinder, die an dich glauben und mit dir Verstehen und ewiges Sein teilen?

Der Gott der Götter entbrannte in Wut und sagte:

Ich werde die oberste Gewalt, die höchste Machtbefugnis und die wesentlichsten Geheimnisse für mich behalten, denn ich bin der Anfang und das Ende!

Darauf erwiderte Bahtaar: Wenn du nicht Macht und Stärke mit mir teilst, werden ich und meine Kinder und Kindeskinder in Rebellion gegen dich aufstehen! In diesem Augenblick erhob sich der Gott der Götter auf seinem Thron im hohen Himmel, er zog das Schwert, griff nach der Sonne als Schild und mit einer Stimme, die die Ewigkeit erschütterte, rief er aus: Steige hinab, du elender Rebell, in die traurige Unterwelt, wo Dunkelheit und Elend herrschen. Das soll dein Exil sein, bis die Sonne zu Asche wird und die Sterne sich in kleinen Teilchen versprühen. In dieser Stunde sank Bahtaar von der oberen Welt in die untere, wo die bösen Geister hausen. Daraufhin schwor er beim Geheimnis des Lebens, daß er seinen Vater und seine Brüder bekämpfen und jede Seele, die sie liebte, in eine Falle locken wolle!‹

Als der Älteste das hörte, umdüsterte sich seine Stirn, und sein Gesicht wurde blaß. Er meinte vorsichtig: ›Dann ist Bahtaar der Name des bösen Gottes?‹ La Wiss gab zur Antwort: ›Sein Name war Bahtaar, als er noch der oberen Welt angehörte, aber als er die untere Welt betrat, nahm er der Reihe nach folgende Namen an: Baalzabul, Satanail, Balial, Zamiel, Ahriman, Mara, Abdon, Teufel und schließlich Satan, welcher der berühmteste Name von allen ist.‹

Der Älteste wiederholte das Wort ›Satan‹ mehrere Male mit bebender Stimme, die klang wie das Rascheln trockener Blätter, durch die der Wind fährt. Dann sagte er: ›Warum haßt Satan Menschen und Götter gleichermaßen?‹

La Wiss antwortete eilfertig: ›Er haßt die Menschen, denn sie sind Nachkommen der Brüder und Schwestern Satans.‹ Da rief der Älteste aus: ›Dann ist Satan ein direkter Verwandter des Menschen!‹ Mit einer Stimme, in der Verwirrung und Ärger sich mengten, gab La Wiss zurück: ›Ja, Meister, aber er ist ihr großer Feind, der ihre Tage mit Elend erfüllt und ihre Nächte mit schrecklichen Träumen. Er ist die Macht, die den Sturm zu ihren Hütten lenkt, Trockenheit auf ihre Felder bringt und Krankheit über sie und ihre Tiere. Er ist ein böser und zugleich mächtiger Gott. Er ist gemein, er freut sich, wenn wir Kummer haben, und trauert, wenn wir glücklich sind. Wir müssen ihn unter Zuhilfenahme meines Wissens genau beobachten, um seiner Bosheit zu entkommen. Wir müssen sein Wesen studieren, damit wir nicht seinen mit Fallen versehenen Weg gehen.‹

Der Älteste lehnte seinen Kopf an seinen dicken Stab und sagte flüsternd: ›Ich habe jetzt das Geheimnis der seltsamen Macht begriffen, die den Sturm auf unsere Häuser lenkt und Pest und Krankheit über uns und unsere Herden bringt. Meine Leute sollen alles erfahren, was ich jetzt weiß. La Wiss sei gesegnet, geehrt und verherrlicht dafür, daß er ihnen das Geheimnis ihres mächtigen Feindes enthüllt hat und sie von der Straße des Bösen wegführt.‹

La Wiss verließ den Stammesältesten und zog sich in seine Höhle zurück, glücklich über seinen Erfindungsreichtum und trunken vom Wein seines Vergnügens und seiner Phantasie. In dieser Nacht schliefen der Älteste und sein ganzer Stamm, mit Ausnahme von La Wiss, zum ersten Mal einen Schlaf, der erfüllt war von schrecklichen Geistern, angsterregenden Gespenstern und unruhigen Träumen.«

Der Teufel hielt einen Augenblick inne und Vater Samaan sah ihn verwirrt an. Auf Vater Samaans Lippen erschien das krankhafte Lächeln des Todes. Dann fuhr der Teufel fort: »So kam die Gabe der Weissagung auf die Erde, und meine Existenz war der Grund für ihr Erscheinen. La Wiss war der erste, der meine Grausamkeit zu seiner Berufung machte. Nach dem Tode von La Wiss wurde dieser Beruf von seinen Kindern weitergegeben und hörte nicht auf zu gedeihen, bis er ein ordentlicher und göttlicher Beruf war, der von jenen ergriffen wurde, deren Geist reich an Wissen ist, deren Seelen vornehm und deren Herzen rein sind, und deren Phantasie keine Grenzen kennt.

In Babylon verneigten sich die Menschen siebenmal in Verehrung vor einem Priester, der mich mit seinen Gesängen bekämpfte. In Ninive betrachteten sie einen Mann, der behauptete, mein Geheimnis zu kennen, als goldene Brücke zwischen Gott und den Menschen. In Tibet nannten sie jemanden, der mit mir stritt, Sohn der Sonne und des Mondes. In Byblos, Ephesos und Antiochia brachten sie die Leben ihrer Kinder meinen Widersachern zum Opfer. In Jerusalem und Rom legten sie ihr Leben in die Hände derer, die behaupteten, mich zu hassen, und sie bekämpften mich mit allen Mitteln.

In jeder Stadt unter der Sonne war mein Name der Mittelpunkt jedes Kreises, der sich mit Religion, Kunst oder Philosophie befaßte. Wäre ich nicht gewesen, es wären weder Tempel erbaut, noch Türme und Paläste errichtet worden. Ich stehe hinter dem Mut, der die Menschen zu Entscheidungen treibt. Ich bin Satan auf ewig. Ich bin Satan, den die Menschen bekämpfen, um selbst am Leben zu bleiben. Falls sie aufhören sollten, gegen mich zu streiten, wird Trägheit ihren Geist und ihre Seele ersticken, wie es die grausigen Strafen ihrer gewaltigen Mythen bestimmen.

Ich bin der wütende und stumme Sturm, der Geist und Seele der Menschen beunruhigt. Aus Angst vor mir suchen sie eigene Orte des Gebetes auf, um mich zu verdammen, oder Orte des Lasters, um mich durch ihre Unterwerfung zu beglücken. Der Mönch, der in der Stille der Nacht betet, um mich von seinem Bett fernzuhalten, gleicht der Dirne, die mich in ihre Kammer einlädt. Ich bin Satan auf immer und ewig.

Ich bin der Erbauer von Klöstern und Konventen auf den Grundmauern der Angst. Ich errichte Schnapsbuden und Freudenhäuser auf den Grundmauern der Lust und Selbstgefälligkeit. Wenn ich aufhöre zu existieren, werden Angst und Freude in der Welt abgeschafft sein, und durch ihr Verschwinden werden Wünsche und Hoffnungen aufhören, des Menschen Herz zu bedrängen. Das Leben wird leer und kalt sein, wie eine Harfe mit gerissenen Saiten. Ich bin Satan auf ewig.

Ich bin das Urbild von Falschheit, Verleumdung, Verrat, Betrug und Spott. Aber wenn diese Elemente aus der Welt geschafft würden, würde sich die menschliche Gesellschaft in ein leeres Feld verwandeln, auf dem nichts gedeiht außer den Dornen der Tugend. Ich bin Satan auf ewig.

Ich bin Vater und Mutter der Sünde, aber wenn die Sünde verschwindet, würden auch die Streiter wider die Sünde verschwinden, zusammen mit ihren Familien und Gemeinschaften.

Ich bin das Kernstück von allem Bösen. Willst du wirklich, daß das menschliche Leben zusammen mit meinen Herzschlägen zum Stillstand kommt? Bist du bereit, das Ergebnis hinzunehmen, wenn du die Ursache zerstört hast? Ich bin die Ursache! Wirst du zulassen, daß ich in dieser verlassenen Wildnis verende? Willst du wirklich das Band durchtrennen, das uns zusammenhält? Antworte mir, Gottesmann!«

Der Teufel streckte seine Arme aus, beugte seinen Kopf nach vorne und atmete schwer. Sein Gesicht wurde grau, und er ähnelte den ägyptischen Statuen, die, von den Zeiten verwüstet, an den Ufern des Nils liegen. Dann heftete er seine glitzernden Augen auf Vater Samaans Gesicht und sagte mit vergehender Stimme: »Ich bin schwach und müde. Es war falsch, meine vergehenden Kräfte dafür zu verwenden, dir Dinge zu sagen, die du ohnehin schon wußtest. Du kannst jetzt tun, wie es dir beliebt. Du kannst mich nach Hause tragen und meine Wunden behandeln, oder mich hier dem sicheren Tod überlassen.«

Vater Samaan zitterte und rieb unruhig seine Hände, und mit entschuldigender Stimme sagte er: »Ich weiß jetzt, was ich vor einer Stunde noch nicht wußte. Ich weiß, daß dein Vorhandensein in dieser Welt die Versuchung hervorbringt, und Versuchung ist ein Maß, mit dem Gott den Wert der menschlichen Seele mißt. Sie ist eine Waage, die Gott braucht, um die Seelen zu wägen. Ich bin sicher, daß mit deinem Tod auch die Versuchung stirbt, und damit würde der Tod die beste Kraft zerstören, die die Menschen emporhebt und wachsam erhält.

Du mußt leben, denn wenn du stirbst und die Menschen erfahren davon, wird ihre Angst vor der Hölle verschwinden, sie würden aufhören, Gott anzubeten, denn es gäbe keine Sünde mehr. Du mußt leben, denn dein Leben bedeutet die Errettung der Menschheit von Laster und Sünde.

Und was mich anlangt, so will ich meinen Haß für dich auf dem Altare meiner Liebe zu den Menschen zum Opfer bringen.«

Der Teufel stieß ein Lachen aus, das die Erde erschütterte und sagte: »Was für ein kluger Mensch bist du doch, Vater. Welch hervorragendes Wissen besitzt du auf dem Gebiet der Theologie! Kraft deines Wissens hast du einen Grund für meine Existenz gefunden, den ich nie begriffen habe, und jetzt verstehen wir, daß wir einander brauchen.

Komm näher zu mir, mein Bruder. Die Dunkelheit senkt sich auf die Ebene, die Hälfte meines Blutes ist in den Sand dieses Tales geflossen, und nichts ist von mir geblieben, als die Reste eines zerstörten Körpers, den der Tod bald in Besitz nehmen wird, es sei denn, du leistest schnell Hilfe.« Vater Samaan rollte die Ärmel seines Gewandes hoch, hob den Teufel auf seinen Rükken und machte sich auf den Weg in Richtung seines Heimes.

Inmitten dieser Täler, erfüllt von Stille und geschmückt im Schleier der Dunkelheit, wanderte Vater Samaan seinem Dorfe entgegen, den Rücken gebeugt unter seiner schweren Last. Sein schwarzes Gewand und sein langer Bart waren blutbespritzt, Blut rann an ihm hinunter, aber er ging weiter, während sich seine Lippen in inbrünstigem Gebet bewegten, um das Leben des sterbenden Satans zu retten.

LAOTSE

Tao te King

Wer da sagt: Schön / schafft zugleich: Unschön.
Wer da sagt: Gut / schafft zugleich: Ungut.
Bestehen bedingt Nichtbestehen.
Verworren bedingt Einfach.
Hoch bedingt Nieder.
Laut bedingt Leise.
Bedingt bedingt Unbedingt.
Jetzt bedingt Einst.
Also der Erwachte:
Er wirkt / ohne zu werken.
Er sagt / ohne zu reden.
Er trägt alle Dinge in sich zur Einheit beschlossen.
Er erzeugt / doch besitzt nicht.
Er vollendet Leben / beansprucht nicht Erfolg.
Weil er nicht beansprucht / erleidet er nie Verlust.

HENRI BOREL

Wu-Wei

Hoch im Blau zu unsern Häuptern segelten goldene Wolken langsam nach dem Meere hin. Sie leuchteten in wundervoller Klarheit, wie voll hoher und heiliger Liebe. Leise, leise zogen sie von uns weg.

»Bald werden sie vergangen sein, verschwunden in der Unendlichkeit des Himmels«, sagte der Einsiedler, »und du wirst nichts mehr sehen als das ewige Blau. So wird auch deine Seele in Tao eingehen.«

»Mein Leben ist voller Sünde«, antwortete ich. »Schwer lasten niederziehende Begierden auf mir. Und so irren auch meine Mitmenschen durch die Nacht. Wie kann *unser* Leben je so im tiefsten Wesen rein Tao zuströmen? Es ist so überbürdet von all dem Übel, daß es sicherlich wieder in den Sumpf zurücksinken muß.«

»Glaube das nicht!« rief er mit gütigem Lächeln aus. »Niemand kann Tao vernichten, und in jedem von uns leuchtet das unauslöschliche Licht der Seele. Glaube nicht, das Schlechte im Menschen sei so stark und mächtig! Das ewige Tao wohnt in allen, in Mördern und Dirnen sowohl als in Philosophen und Dichtern. Sie alle tragen den unzerstörbaren Schatz in sich, und nicht einer ist besser als ein anderer. Sie sind sich in ihrem innersten Wesen alle so gleich wie zwei Sandkörnlein dieses Felsens. Und nicht ein einziger wird ewig von Tao ausgeschlossen sein; denn jeder trägt Tao in sich selber.«

»Die Sünden der Menschen sind nichts als Selbsttäuschungen, unbestimmt wie flutende Nebel. Ihre Taten sind nichts als Schein, und ihre Worte sterben dahin wie flüchtige Träume. Sie können nicht ›schlecht‹ sein, wie sie auch nicht ›gut‹ sein können. Unwiderstehlich werden sie zu Tao hingezogen, gleich wie jener Wassertropfen nach dem ewigen Meere. Bei einen mag es etwas länger gehen, als bei andern, bis sie ihr Ziel erreichen; das ist der einzige Unterschied. Und einige Jahrtausende – wie können die zählen im Angesicht der Ewigkeit? – Armer Freund! Hat deine Sünde dich so furchtsam gemacht? Hieltest du deine Sünde sogar für mächtiger als Tao?« –

»Du hast dich einfach viel zu sehr bemüht, gut zu sein, und daher hast du deine eigenen Vergehen in zu grellem Lichte betrachtet. Auch von deinen Mitmenschen verlangst du zu viel Güte, und daher hast du dir unnötig Sorge gemacht. Doch all dies ist nichts als ein Schein. Tao ist weder gut noch böse; denn Tao ist das Wirkliche. Nichts als Tao ist; und das Leben all der unwirklichen Dinge ist ein Leben eingebildeter Gegensätze und Beziehungen, die kein eigenes Dasein führen und unsere Sinne nur verwirren. Verlange daher nicht, gut zu sein, so wenig wie du dich als schlecht betrachten darfst. Wu-Wei – ohne Streben, nur aus innerstem Antrieb handeln – so sollst du sein. Nicht schlecht – nicht gut; nicht klein – und nicht groß; nicht niedrig –

und nicht hoch. Und erst so wirst du in Wirklichkeit *sein,* selbst wenn du, im gewöhnlichen Sinne, nicht mehr bist. Bist du einst frei von allem Schein, von allem Begehr und aller Lust, dann wirst du einfach aus deinem Herzen handeln und nicht einmal wissen, daß du handelst. Und dies – als Erfüllung des einzig wahren Lebensgesetzes – dies freie, ungehemmte Fließen nach Tao hin wird so leicht und unbewußt vor sich gehen wie die Auflösung des Wölkleins über uns.«

Auf einmal erlebte ich ein Sein innerer Freiheit. Das Gefühl war nicht Freude – nicht Glückseligkeit. Es war vielmehr eine ruhige Empfindung von Ausdehnung – eine Ausweitung meines geistigen Gesichtskreises.

»Vater«, sagte ich, »ich danke dir! Diese Offenbarung über das Wesen von Tao schenkt mir bereits ein Wollen, das, ob ich es auch nicht erklären kann, mich doch sachte vorwärts zu tragen scheint.« –

»Wie wunderbar doch Tao ist! In all meinem Wissen, mit all meinen Kenntnissen habe ich dies nie zuvor gefühlt!«

»Begehre kein solches Wissen!« sagte der Weise. »Verlange nicht danach, zu viel zu wissen – nur so wirst du ins unmittelbare Wissen wachsen; denn Kenntnisse, die wir durch unnatürliche Anstrengungen und Verkrampfungen erlangen, führen immer von Tao weg. Strebe nicht danach, alles zu wissen, was Menschen und Dinge um dich betrifft, besonders auch nicht, was sich um ihre Beziehungen und Gegensätze dreht. Vor allem aber suche nicht zu gierig nach Glückseligkeit und fürchte dich nicht vor Leid. Denn keiner dieser Zustände ist wirklich. Lust ist nicht wirklich und Schmerz auch nicht. Tao wäre nicht Tao, wenn du imstande wärest, es dir als Schmerz oder Lust, als Glück oder Leid vorzustellen; denn Tao ist das Eine, das All, und trägt keinen Mißklang in sich.«

»Höre, wie einfach Chung-Tse es zu sagen weiß: ›Die größte Freude ist keine Freude.‹ Und ebenso wird auch der Schmerz für dich verblaßt sein. Du darfst nie glauben, Schmerz sei eine Wirklichkeit, sei ein wesentlicher Bestandteil des Daseins. Dein Schmerz wird eines Tages verschwinden wie die Nebel, die um die Gipfel der Berge hängen. Denn eines Tages wirst du erkennen, wie natürlich, wie von innen heraus sich alles Dasein in all seiner Mannigfaltigkeit gestaltet. Und alle die großen Fragen, die dich so voller Geheimnis und Dunkel anschauten, werden Wu-Wei sein, ganz einfach, ohne Widerstreben, nicht mehr ein Quell des Staunens für dich. Denn alles wächst aus Tao; alles ist ein organisches Glied des großen Geschehens, das aus einem einzigen Grundgesetz hervorgegangen ist. Dann wird nichts mehr die Macht haben, dich zu betrüben oder dich zu erfreuen. Du wirst nicht mehr lachen und auch nicht mehr weinen.« –

»Du schaust mich zweifelnd an, als ob du mich zu hart, zu kalt fändest. Dennoch wirst du, sobald du etwas tiefer eingedrungen bist, erkennen, daß nur dieser Seelenzustand der innern Ruhe der Ausdruck einer völligen Übereinstimmung mit Tao sein kann. Dann wirst du allem ›Schmerz‹ gegenüber wissen, daß er eines Tages verschwinden muß, da er unwirklich ist. Und die ›Freude‹ wirst du als eine bloß unentwickelte und wesenlose Freude durchschauen lernen, da sie von Zeit und Umständen abhängt, und ihr scheinbares Dasein nur aus dem Gegensatz zum ›Schmerz‹ stammt. Siehst du einen gütigen Menschen, so wirst du es ganz natürlich finden, daß er so ist, wie er eben ist und wirst auch schon ahnen, um wie viel gütiger er an jenem Tage sein wird, da er nicht mehr ›gut‹ und ›lieb‹ verkörpern wird. Und einem Mörder wirst du mit der gleichen innern Ruhe gegenübertreten, ebenfalls ohne besondere Liebe oder besonderen Haß; denn er ist dein Bruder in Tao, und alle seine Sünde hat niemals die Macht, Tao in ihm zu vernichten.«

»Dann, wenn du endlich Wu-Wei sein wirst – nicht mehr im gewöhnlich menschlichen Sinne dahinlebst –, dann wird zum erstenmal mit dir alles in Ordnung sein, und du wirst durchs Leben dahingleiten, so ruhig und so natürlich, wie die weite See vor uns. Nichts wird deinen Frieden stören können. Dein Schlaf wird traumlos sein, und Selbstbewußtsein wird dich nicht mehr kümmern. In allen Dingen wirst du Tao erkennen, wirst mit allem Dasein dich eins fühlen und auf die gesamte Natur blicken als auf etwas, das dir so vertraut ist wie dein eigen Selbst. So wirst du mit lächelndem Herzen und milde geöffneten Händen durch all die Wechsel von Tag und Nacht, von Sommer und Winter, von Leben und Tod schreiten und eines Tages in Tao eingehen, wo es keine Wechsel mehr geben wird und von wo du einst so rein ausgegangen bist wie du nun zurückkehrst.«

Warnung vor guten Werken

Yang Dschu sprach: »Wer Gutes tut, tut es wohl nicht um des Ruhmes willen; aber doch wird ihm der Ruhm folgen. Der Ruhm hat an sich nichts mit Gewinn zu tun; aber doch wird ihm der Gewinn folgen. Der Gewinn hat an sich nichts mit Streit zu tun; aber doch wird sich der Streit an ihn heften. Darum hütet sich der Edle, Gutes zu tun.«

S. RADHAKRISHNAN

Die Bhagavadgītā

Als Arjuna so von Mitleid erfüllt und niedergeschlagen war, die Augen traurig und voll Tränen, sprach der Erhabene (Krsna) diese Worte zu ihm:

»Woher kommt dir in dieser schweren Stunde diese Befleckung (Bestürzung)? Sie ist edlen Geistern unbekannt (von Ariern nicht geschätzt), führt nicht in den Himmel und bereitet Schande, o Arjuna!

Ergib dich nicht der Unmännlichkeit, o Pärtha (Arjuna), denn sie geziemt dir nicht. Lege diese niedrige Herzensschwachheit ab und erhebe dich, o Feindbedränger (Arjuna)!«

Arjuna sagte:

»Wie soll ich denn in dieser Schlacht, o Madhusüdana (Krsna), mit Pfeilen den Bhisma und den Drona bekämpfen, die (ich) beide sehr verehre, o Feindetöter (Krsna)?

Es dünkt mir besser, diese ehrwürdigen Lehrer (208) nicht zu töten und betteln zu gehen auf Erden, als diese Lehrer, die zwar nach Gewinn begehren, zu erschlagen und blutbeschmierte Freuden zu genießen.

Wir wissen nicht, was besser für uns wäre: daß wir

siegen, oder daß jene uns besiegen. Die Söhne Dhrtarästras, nach deren Tötung wir nicht mehr leben möchten, stehen uns gegenüber.

Mein ganzes Wesen ist mit der Schwäche meines Mitleids geschlagen. In meinem Geiste um die Pflicht verwirrt, frage ich dich: Sage mir sicher, was das Bessere ist. Ich bin dein Schüler. Lehre mich, der ich mich darum an dich wende.

Ich sehe nicht, was diesen Kummer, der meine Sinne austrocknet, vertreiben könnte, selbst wenn ich ein blühendes, mir unbestrittenes Königreich auf Erden erlangen würde oder gar die höchste Herrschaft über die Götter.«

Nachdem er so zu Hrsikeśa (Krsna) gesprochen hatte, sagte der mächtige Arjuna zu Krsna: »Ich will nicht kämpfen«, und schwieg stille.

Gleichsam lächelnd, sprach nun der Erhabene zu ihm, dem Verzagenden, inmitten der beiden Heere:

»Du klagst um solche, die nicht zu beklagen sind, und willst doch die Worte der Wahrheit sprechen. Weise beklagen Tote und Lebende nicht.

Nie gab es eine Zeit, da ich nicht war und du und diese Fürsten, noch wird je eine Zeit kommen, da wir nicht mehr sein werden.

Wie die Seele in diesem Körper Kindheit, Jugend und Alter hat, so geschieht es auch, daß sie einen anderen Körper ergreift. Der Weise wird daran nicht irre.

Die Berührungen mit ihren Objekten, o Sohn der

Kunti (Arjuna), bewirken Kälte und Hitze, Freude und Schmerz. Sie kommen und gehen und sind nicht von Bestand. Lerne sie ertragen, o Bhärata (Arjuna).

Welchen Menschen diese nicht quälen, o erster der Männer (Arjuna), wer derselbe bleibt in Schmerz und Freude, wer weise ist, dieser rüstet sich zur Ewigkeit.

Das Nichtseiende kann nicht sein, das Seiende kann nicht aufhören zu sein. Die Wahrheitsseher haben den Schluß aus diesen beiden entdeckt.

Wisse, daß unzerstörbar ist, von dem das alles durchdrungen wird. Niemand kann die Zerstörung dieses Unwandelbaren bewirken.

Ein Ende haben die Körper, unzerstörbar und unfaßbar aber ist das Ewige, welches in diese Körper eingegangen ist. Darum kämpfe, o Bhärata (Arjuna)!

Wer denkt, er tötet oder werde getötet, ist im Irrtum. Nicht tötet dieser eine, noch wird er getötet.

Nicht wird er geboren, noch stirbt er jemals. Ins Sein gelangt, wird er nicht wieder aufhören zu sein. Er ist ungeboren, ewig, dauerhaft und uralt. Er wird nicht getötet, wenn der Körper getötet wird.

Wer ihn als unzerstörbar und ewig, ungeboren und unvergänglich kennt, wie könnte ein solcher Mensch, o Pärtha (Arjuna), irgendeinen töten, irgendeinen töten lassen.

Wie ein Mann abgetragene Kleider ablegt und andere, neue anzieht, so legt auch die Seele die abgetragenen Körper ab und geht in andere, neue, ein.

Nicht spalten ihn die Schwerter, nicht brennt ihn das Feuer, nicht benetzen ihn die Wasser, nicht trocknet ihn der Wind.

Er kann nicht gespalten, nicht verbrannt, nicht benetzt und nicht ausgetrocknet werden. Er ist ewig, allgegenwärtig, unwandelbar, unbeweglich, immerwährend.

Er wird unoffenbar, undenkbar, unveränderlich genannt. Darum sollst du nicht klagen, nachdem du ihn als solchen erkannt hast.

Selbst wenn du meinst, daß das Selbst immer wieder geboren werde und immer wieder sterbe, selbst dann, o Großarmiger (Arjuna), sollst du nicht klagen.

Denn dem Geborenen ist der Tod gewiß, dem Toten ist die Geburt gewiß. Darum sollst du über eine unvermeidliche Sache nicht trauern.

Nicht offenbar sind die Wesen an ihrem Beginne, offenbar in der Mitte, o Bhärata (Arjuna), und nicht offenbar wiederum an ihrem Ende. Was gibt es da zu klagen?

Der eine betrachtet ihn wie ein Wunder, der andere spricht von ihm wie von einem Wunder, ein anderer wieder hört von ihm wie von einem Wunder, und doch kennt ihn keiner, auch wenn er von ihm gehört hat.

Der im Körper von uns allen weilt, o Bhärata (Arjuna), ist ewig, unzerstörbar. Darum sollst du kein Wesen beklagen.

Und auch wenn du deine Pflicht berücksichtigst, sollst du nicht schwanken. Denn Größeres gibt es für einen Krieger nicht als den pflichtgemäßen Kampf.

Glücklich sind die Ksatriyas, o Pärtha (Arjuna), denen sich ein solcher Krieg wie eine weit geöffnete Himmelstüre darbietet.

Wenn du diese pflichtgemäße Schlacht nicht aufnimmst, gerätst du in Schuld, indem du dein Gesetz und deinen Ruhm verrätst.

Außerdem wird man ohne Unterlaß deine Schmach verkünden, und für den Mann, der einst geehrt wurde, ist Schmach schlimmer als Sterben.

Die großen Krieger werden glauben, daß du dich aus Furcht dem Kampfe entzogen hast, und sie werden dich, den sie einst geschätzt haben, für gering achten.

Deine Feinde werden viel Ungebührliches reden und deine Fähigkeiten tadeln. Könnte es Traurigeres geben als das?

Entweder wirst du getötet werden und in den Himmel eingehen, oder du wirst siegen und die Erde genießen. Darum erhebe dich, Sohn der Kunti (Arjuna), zum Kampf entschlossen!

Rüste dich zum Kampfe, nachdem dir Freude und Leid, Gewinn und Verlust, Sieg und Niederlage gleichgültig geworden sind. So wirst du nicht in Schuld geraten.

Was ich dir eben gegeben habe, o Pärtha (Arjuna), ist die Weisheit des Sāmkhya. Vernimm nun die Weisheit des Yoga! Wenn dein Verstand diese aufnimmt, wirst du die Bindung durch die Werke ablegen.

Auf diesem Pfade ist keine Mühe verloren, und es gibt kein Hindernis. Schon ein wenig von dieser Gerechtigkeit (dharma) errettet vor großer Gefahr.

Hier gibt es, o Freude der Kurus (Arjuna), nur das entschlossene Verstehen; es ist eines. Die Gedanken der Unentschlossenen aber sind vielverzweigt und endlos.

Die Einsichtslosen, die sich an den Vedaschriften ergötzen, die behaupten, daß es anderes nicht gebe, die auf den Himmel bedacht sind und deren Wesen die Begierde ist, verkünden jene blumigen Worte, welche als Lohn der Taten die Wiedergeburt verheißen und viele besondere Riten zur Erlangung von Genüssen und der Herrschaft (festlegen).

Nicht wohl begründet im Selbst (oder: in der Versenkung) ist der zwischen Gut und Böse unterscheidende Verstand jener, die an den Genüssen und der Macht hängen und deren Geist von diesen (Veda-)Worten hingerissen wird.

Hauptsache des Veda sind die Erscheinungsformen; du aber, o Arjuna, befreie dich von dieser dreifachen Natur. Sei frei von den Gegensätzen, stehe fest in der Reinheit, sorge dich nicht um Erwerb und Erhaltung, besitze das Selbst.

Soviel Nutzen ein Teich hat, an einer Stelle, wo von allen Seiten her die Wasser zusammengeströmt sind, soviel Nutzen haben auch die Veden für den Brahmanen, welcher erkennt.

Deine Aufgabe liegt allein im Handeln, nicht in dessen Früchten. Lasse nicht die Früchte deines Tuns deinen Beweggrund sein; ergib dich nicht der Untätigkeit!

Gib die Anhänglichkeit auf, o Schätzegewinner (Arjuna), und vollbringe, im Yoga gefestigt, deine Werke. Sei gleichmütig gegen Erfolg und Mißerfolg. Gleichmut wird Yoga genannt.

Das Werk steht tief unter der Zügelung des Verstandes (buddhi-yoga), o Schätzegewinner (Arjuna). Suche im Verstande deine Zuflucht. Erbarmenswert sind jene, die nach Früchten trachten.

Wer seinen Verstand (an das Göttliche) geschirrt hat (oder: in seinem Verstande wohl gegründet ist), läßt beides fahren: Gut und Böse. Befleißige dich darum des Yoga. Yoga ist Geschick im Handeln.

Die Weisen, welche ihren Verstand mit dem Göttlichen verbunden haben, indem sie auf die Früchte ihrer Werke verzichtet und von den Banden der Geburt sich befreit haben, erreichen den leidlosen Ort.

Da dein Verstand die Trübnis der Verblendung überquert, wird dir gleichgültig werden, was gehört worden ist und was noch zu hören sein soll.

Wenn dein Verstand, von den vedischen Texten verwirrt, unerschütterlich und fest im Geiste (samādhi) gründen wird, wirst du Einsicht (yoga) erlangen.«

Arjuna sagte:

»Welches ist die Beschreibung eines Menschen, der diese festgegründete Weisheit hat, dessen Wesen im Geiste feststeht, o Keśava (Krsna)? Wie wird er, dessen Verstand gefestigt ist, sprechen, wie wird er sitzen, wie wird er gehen?«

Der Erhabene sagte:

»Wenn jemand alle Wünsche seines Herzens ablegt, o Pärtha (Arjuna), und wenn sein Geist in sich selbst Genüge findet, wird er ein in seinem Verstande Feststehender genannt.

Wer in Leiden nicht erschüttert wird und in Freuden frei von Begierden ist, von welchem Leidenschaft, Furcht und Zorn gewichen sind, der wird ein in seinem Verstande feststehender Weiser genannt.

Wer nirgendwo Zuneigung hat, wer, wenn er Gutes oder Schlechtes empfängt, weder Freude noch Haß empfindet, dessen Verstand ist fest gegründet in der Weisheit.

Wer, wie eine Schildkröte ihre Kleider, seine Sinnesorgane allerseits von den Sinnesobjekten zurückzieht, dessen Verstand ist fest gegründet in der Weisheit.

Die Sinnesobjekte wenden sich von der verkörperten Seele ab, die aufhört, sich an ihnen zu nähren; doch bleibt der Geschmack für sie. Aber selbst der Geschmack wendet sich ab, wenn das Höchste erschaut wird.

Mag ein Mensch auch noch so nach Vollendung streben, mag er auch noch so einsichtig sein, o Sohn der Kunti (Arjuna), die ungestümen Sinne reißen seinen Geist gewaltsam fort.

Alle die Sinne gebändigt habend, soll er im Yoga dasitzen, auf mich gerichtet. Denn, wer die Sinne in seiner Gewalt hat, dessen Verstand ist fest gegründet.

Wenn ein Mensch an die Sinnesobjekte denkt, entsteht Verhaftung an sie. Aus der Verhaftung entspringt Begierde, und aus der Begierde entspringt Zorn.

Aus dem Zorn entsteht Verwirrung, aus der Verwirrung Verlust der Erinnerung, aus dem Verlust der Erinnerung Zerstörung des Verstandes. An der Zerstörung des Verstandes geht er zugrunde.

Wer aber seine Sinne im Zaum hält, wer mit gezügelten Sinnen, die frei von Anhänglichkeit und Abneigung sind, unter den Sinnesobjekten umhergeht, dieser Mensch erlangt die Lauterkeit des Geistes.

Und in der Lauterkeit des Geistes wird ihm das Ende

allen Kummers bereitet. Der Verstand eines solchen Mannes von lauterem Geiste ist bald gefestigt in dem Frieden des Selbst.

Wer ohne Zucht ist, hat keinen Verstand, und wer ohne Zucht ist, hat auch kein Versenkungsvermögen. Wer ohne Versenkungsvermögen ist, findet keinen Frieden. Und wie könnte es für einen, der keinen Frieden hat, Freude geben?

Wenn der Geist den schwärmenden Sinnen nachläuft, zieht er den Verstand mit sich fort, wie der Wind ein Schiff auf dem Wasser mit sich fortzieht.

Wer darum, o Starkarmiger (Arjuna), seine Sinnesorgane allerseits von ihren Sinnesobjekten zurückhält, dessen Verstand ist fest gegründet.

Was für alle Wesen Nacht ist, ist Wachezeit für die gezügelte Seele. Und was für alle Wesen Wachezeit ist, ist Nacht für den Seher, der sieht.

In den alle Begierden einmünden wie die Wasser in den Ozean, der, obwohl immer angefüllt, doch stets bewegungslos verharrt, dieser erlangt den Frieden; nicht aber, wer seinen Begierden frönt.

Wer alle Begierden aufgibt, ohne Verlangen handelt, ohne Selbstsucht und Egoismus ist, dieser erlangt den Frieden.

Dies ist, o Pärtha (Arjuna), der göttliche Zustand. Wer ihn erreicht hat, wird nicht mehr verwirrt. Wer am Ende (in der Todesstunde) in ihm feststeht, geht in die Seligkeit Gottes (brahmanirvana) ein.«

Der Mythos Freiheit

Wir müssen bereit sein, ganz gewöhnliche Menschen zu sein, was bedeutet, daß wir uns so akzeptieren, wie wir sind, ohne zu versuchen, größer, reiner, spiritueller, einsichtsvoller zu werden. Wenn wir unsere Unvollkommenheiten so hinnehmen können, wie sie sind, nämlich ganz gewöhnlich, dann können wir sie als Teil des Weges verwenden. Wenn wir jedoch versuchen, uns unserer Unvollkommenheiten zu entledigen, dann werden sie Feinde, Hindernisse auf dem Pfad zu unserer »Selbst-Verbesserung«. Das gleiche gilt auch für den Atem. Wenn wir ihn so sehen können, wie er ist, ohne daß wir ihn zu gebrauchen suchen, um uns selbst in unserem Wert zu erhöhen, dann wird er zu einem Teil des Weges, weil wir ihn nicht mehr als Werkzeug unseres persönlichen Ehrgeizes gebrauchen.

Die Meditationspraxis beruht darauf, dualistische Bindung, den Kampf von Gut gegen Böse, fallenzulassen. Die Haltung, die wir der Spiritualität entgegenbringen, sollte natürlich, alltäglich, ohne Ehrgeiz sein. Selbst wenn wir gutes Karma aufbauen, säen wir immer noch weitere karmische Samen aus. Das Entscheidende ist, den karmischen Prozeß insgesamt zu überschreiten, gutes wie schlechtes Karma zu überwinden.

Licht und Dunkel
Stehen einander gegenüber,
Doch das eine
Hängt ab vom andern
Wie der Schritt des rechten Beines
Von dem des linken.

HERMANN WEIDELENER

Empörerschicksal

Es ist mir ein Bedürfnis, daß wir – bevor wir jeweils die Räume der eigentlichen Mythologien betreten – uns immer wieder bereiten auf das, was uns dort begegnet und was verlangt, daß wir eine Bewußtseinsänderung vollziehen, sei es auch nur für den Augenblick dieser Begegnung.

Das Ausmaß der Andersartigkeit des mythologischen Denkens im Vergleich zu unserem heutigen Denken läßt sich von uns nur schwer erfassen, schon darum, weil wir in unserem Denken so unerhört selbstsicher sind und der Meinung huldigen, daß die Methode unseres Denkens schlechthin *die* gültige Methode wäre.

Warum sollen wir – so kann man fragen – nicht unsere Methode des Denkens für die richtige halten? Sicher! Nur kann man mit ihr nicht die Früchte eines Denkens begreifen, das aufgrund ganz anderer Methoden arbeitet.

Der abendländische Mensch ist daraufhin erzogen und trägt wohl auch den Impuls in sich, die verschiedenartigsten Kräfte seines Wesens unter einen Befehl zu stellen.

Es gibt ein Bild, das das abendländische Geistesleben vom Religiös-Kirchlichen her sehr geprägt hat: das Bild des *Hirten* – lateinisch *Pastor* –, die Vorstellung also, daß an der Spitze einer Herde eine führende und bestimmende Macht geht und entsprechend die Herde als ein Vielfaches diesem einen nachfolgt. Wir übersehen leicht, daß solche Bilder eine unerhörte Wirkung auf das Unterbewußte des Menschen haben und von dort aus kulturbildend wirken.

Der Mensch vorchristlicher Zeit hätte wenig Zugang zu diesem Bild gehabt. Der vorchristliche oder antike Mensch setzte an die Stelle des Pastors – des Hirten und der Herde – den *Wagenlenker*.

Der Unterschied zwischen dem Wagenlenker und dem Pastor mit der Herde ist ungeheuer. Der Einbruch, der dazwischen liegt, ist von uns wohl noch lange nicht genug ausgelotet. Denn dieser Einbruch stellt sich uns in der historischen Sicht als ein beinahe nicht zu klärendes Chaos dar: Zusammenbrüche der vorderasiatischen Weltreiche, merkwürdiger Zusammenbruch des ägyptischen Reiches, vorher des persischen Reiches, des Reiches Alexander des Großen, Zusammenbruch der griechischen Welt, der eherne Schritt der römischen Legionen, eine gewaltige Kraftleistung des römischen Imperiums, und dazwischen also dieser gigantische Umbruch auf religiösem Gebiet von der heidnischen in die christliche Zeit.

Alles mischt sich. Die Lichter leuchten nicht klar. Paulus ist Jude, Abendländer und Grieche zugleich. Es entstehen die Gnosis, die Manichäer und die römische Kirche. Der krampfhafte Versuch der römischen Kirche, alles zu vereinigen, mißlingt. Es kommt zu Auseinandersetzungen. Und plötzlich ist die andere Zeit da.

Was wir im Abendland immer übersehen und in einer Art von sklavischer Gesinnung überhaupt nicht zu würdigen vermögen, das ist jene barbarische Entstellung des Geistes durch den Begriff und das Wesen des sogenannten *Dogmas.* Man kann heute noch über das Dogma kaum sprechen, ohne nicht in die Nähe des Scheiterhaufens zu kommen. Aber wir werden das Abendland nie verstehen, wenn wir nicht an diese Saite von ihm rühren.

Es ist verständlich, daß aus dem geistigen Zusammenbruch der antiken Welt sich die großen Geister – es sind große Geister gewesen –, die Väter der frühchristlichen Zeit auf etwas einigten, was ihnen damals einzig und allein als Rettung erschien, das Dogma. Aber die Erfindung des Dogmas ist ein Verzweiflungsakt und keine schöpferische Leistung. Sie ist einer Notbrücke zu vergleichen, die dann plötzlich für unantastbar erklärt und zu einer dauernden Brücke gemacht wird. Ich nehme dieses Beispiel, weil wir es nach dem Krieg so oft erlebt haben.

Die Idee des Dogmas beherrscht das ganze Abendland, nicht nur auf religiös-christlichem Gebiet; sondern da sich das ganze wissenschaftliche Denken in den Klöstern entwickelte, so ist die Wissenschaft an diese Grundlagen gebunden. Und heute hat sich das Dogma auch der Kunst bemächtigt. So ist der letzte Raum eines freien Geisteslebens usurpiert von dieser Leitidee des Abendlandes – Leit-Idee und Leid-Idee, beides zugleich.

Würde heute einer dieser jungen Griechen, die in Olympia gekämpft haben, plötzlich in das Abendland versetzt werden, er stünde fassungslos dieser sklavischen Art des Denkens gegenüber, von der wir uns selbst keine Vorstellung machen können, da wir in ihr befangen und aufgegangen sind.

Das Bild des Pastors mit der Herde besagt zunächst gar nichts anderes, als daß einer unbestimmten Anzahl von Individualitäten das Selbstbestimmungsrecht genommen wird, oder daß Individualitäten auf diese Selbstbestimmung verzichten und sich einer darübergestellten Autorität unterwerfen. Die Gründe für diese Unterwerfung mögen verschiedenartige sein, darauf kommt es nicht an. Es kommt darauf an, daß überhaupt im Abendland eine solche Gestaltung des Geisteslebens möglich ist.

Das Bild überträgt sich in den Denk-, Gestaltungs- und Lebens-Bereich des einzelnen Individuums. Auch der einzelne Mensch in seinem Inneren setzt sich ein Ziel, eine Leitidee, eine Devise, und unterstellt seine verschiedenartigen Kräfte diesem einen Gesichtspunkt, diesem einen Ziel. Je mehr es einem Menschen gelingt, die verschiedenartigen Kräfte seines Wesens diesem neuen Ziel unterzuordnen, desto mehr erfüllt er die Vorstellung der Charakterbildung, die im Abendland als eine vorbildliche gefordert wird, und es entsteht die entschiedene feste Persönlichkeit.

Der griechische Mensch kennt etwas ganz anderes. Er nimmt die verschiedenartigen Kräfte, tritt hinter sie, bindet sie an sich und läßt sie dann einfach losstürmen, gewiß, daß er die Kraft besitzt, sie zu steuern. Es entsteht etwas Wunderbares. Und je mehr ein Mensch in der Gewißheit seiner Steuerungskraft mutvoll den Kräften den Lauf läßt und aus der absoluten Sicherheit und Gewißheit seines Inneren sie steuert, um so rascher durcheilt er die Bahn seines Kosmos und kommt an das Ziel, wird *Sieger.*

Im Abendland werden die Kräfte unterdrückt zugunsten einer Kraft. In der klassischen Zeit werden sie gebändigt, aber im Rahmen ihrer Bändigung zu der höchsten Leistung angespornt. Dazwischen liegt eine Welt des Chaos, die beherrscht wird von Entsetzen, von Furcht, von Zweifel und Verzweiflung. Der große und gewaltige Zusammenbruch der Hierarchien geistiger und weltlicher Art, der festgefügten Reiche, die Anfälligkeit heldischer Gestalten, die Anfälligkeit von Königen, Heerführern, Fürsten, Herzögen, alles das bewirkt im Menschen eine derartige Ungewißheit, daß er bezüglich des Menschen in eine absolute Fragwürdigkeit gerät. An die Stelle eines wunderbaren überzeugten Vertrauens und Glaubens tritt nun der Zweifel und die Verzweiflung und vor allem an die Stelle des Vertrauens das unselige Mißtrauen.

Die extreme Ausbildung dieser Linie besteht heute darin, daß die Menschen, die an die Spitze des öffentlichen Lebens treten, von irgendwelchen Parteien oder Behörden getestet oder, wie das schöne Wort heißt, durchleuchtet werden. Man glaubt, daß man heute Methoden hat, mit Hilfe derer man den Menschen so zu durchschauen vermag, daß nichts Undurchschautes mehr in ihm ist. Man will absolut sicher gehen. Und gerade den Verwaltern dieser Methode passiert es, daß sie immer wieder auf das grausamste blamiert werden.

Der Sinn dieser Dinge ist der, daß man über die Leistung des Vertrauens erhaben sein möchte durch den schlüssigen Beweis. Es soll bewiesen sein, daß der und der Mensch an dieser und dieser Stelle absolut vertrauenswürdig ist. Jetzt wird eine ganze Schar anderer Menschen einer derart durchleuchteten Persönlichkeit unterstellt – vielleicht werden auch diese noch durchleuchtet –, und man hat das Gefühl, daß diese Kraft, von der man alles genau weiß und die genau berechenbar ist, dafür sorgt, daß die anderen Kräftc in der Ordnung bleiben und entsprechend gebändigt sind.

Demgegenüber steht die religiöse und positive Weltanschauung des klassischen Altertums. Dort ist der Mensch hineingestellt in den wirkenden Bereich einer göttlichen Welt wunderbar heiterer Gesinnung, in der der Mensch weiß, wie gering seine Möglichkeiten einer Schicksalsbereitung sind, wie alles in der Hand höherer Mächte steht und letztlich der Mensch nur einen kleinen Raum besitzt, in dem er sich bewegen darf und kann. Alles andere ist die Ordnung der Götter. Das ist das eine. Auf der anderen Seite leuchtet das Wunder der menschlichen Existenz derart ein, daß man ihr einfach Vertrauen schenken kann, absolutes Vertrauen. Und wie man heute noch junge Pferde auf die Weide laufen und dort herumtoben läßt, so ließ die klassische Zeit dem Menschen freien Auslauf und hatte das Bewußtsein, daß schon etwas Richtiges und Gutes dabei entstünde.

Es kommt zur Ausbildung eines *ganzheitlichen Wesens.* Alle Kräfte des Menschen werden gleichmäßig eingesetzt und darum gleichmäßig entwickelt. Für alle Kräfte wird eine Art von Freiheit gewährt durch das Vertrauen, das hinter dem Menschen steht, durch den Glauben an seine göttliche Gestelltheit. Man bewundert heute den klassischen Menschen darum, weil er keine Einseitigkeit entwickelt hat, sondern eine harmonische Ganzheit darstellt. Welch ein tragischer Einbruch ist seither geschehen!

Kehrt man in den Mythos zurück, in die Welt des Mythos, dann muß man die Bereitschaft entwickeln für ein absolutes Vertrauen. Im Mythos gibt es kein Gut und Böse, keine moralische Bewertung und Beurteilung. Das ist eine Angelegenheit der Pastoren. Im Mythos gibt es nur Kräfte, Wesenheiten, die alle in irgendeiner Beziehung direkter Art zu dem Zentralwesen der Welt stehen und ihren ganz bestimmten Auftrag besitzen.

Daß die Darlegung der einen Kraft einer anderen entgegentreten kann, ist selbstverständlich, weil das einfach in den Weltenplan gehört. Vom Gesichtspunkt der einen Kraft aus wird die andere, die als gegnerisch auftritt, irgendwie mit Zorn bedacht, denn Gegnerschaft bedingt einen notwendigen Kampf auf allen Ebenen.

Man bemüht sich nicht, dem Menschen ein Weltbild einzubläuen, das einem glücklichen Jerusalem oder einem Paradies entspricht. Auf eine solche Idee wäre der klassische Mensch nicht gekommen. Sondern die Welt als solche und jeder Zustand in ihr ist ein vollkommenes Werk der Gottheit. Daran darf nicht kritisiert werden. Diese Welt ist die beste, die es gibt.

Der Mensch in dieser Welt ist nun jeweils eine Mischung aus den Weltkräften, und da gibt es die verschiedensten Typen.

Wir haben heute das sogenannte 08/15-System auf allen Gebieten unseres kulturellen Lebens, so auch auf dem Gebiet der menschlichen Erziehung oder Bildung. Man hat eine bestimmte Vorstellung, wie der Bürger dieser Zeit sein soll, und man macht es mit dem Menschen so, wie man es früher mit den Bäumen gemacht hat. Man wollte keine Eichen oder Buchen mehr, sondern man wollte Pyramiden und stutzte sie zurecht. Es waren aber in Wirklichkeit Bäume, und man hat sie verstümmelt. So geht es heute dem Menschen. Man macht aus ihm etwas, was dem Erziehungsbild des Abendlandes entspricht.

Nun ist es nicht möglich beim Menschen, nur irgendwelche Zweigchen abzuschneiden. Man schneidet im Geistigen und Seelischen Kräfte ab. Sie verwelken nicht so rasch; sie verkümmern wohl, aber sie bleiben lebendig und scharen sich um den verstümmelten Menschen. Sie sind um ihn als nicht mehr wirkliche Geistwesen, als unheimliche Geister und Gespenster. Da sie nicht berechtigt sind in dem eigentlichen Raum des Menschen, der nach 08/15 zurechtgestutzt ist, so müssen sie irgendwo eine Stelle suchen, wo sie einbrechen können, um sich dem menschlichen Wesen etwas anzunähern, für das sie eigentlich bestimmt sind. Damit stören sie die ganze Pyramide; und plötzlich steht die Umwelt erschrocken da und sagt: Was ist denn das? Und der Patient wird in die Zwangsjacke gesteckt.

Wir sind durch diese Vorstellungen ungeheuer bestimmt, und sie sind so unmythologisch, als man nur denken kann. Für den Mythos ist einfach alles, alles, was die Götter in den Menschen hineingeben, richtig, ich will gar nicht sagen gut, das interessiert den Mythos nicht. Dieser Mensch ist so, und so ist er richtig, weil die Götter ihn so gewollt haben.

Wenn Sie heute irgendein Shakespeare-Drama betrachten, so haben Sie noch etwas von diesem klassischen Mythos darin. Diese Narren und Besoffenen und anderen ulkigen Erscheinungen, die da auftreten, sind so in das Drama verflochten, daß man deutlich sieht, wie die Lebensgeschichte der Menschen gar nicht zustande kommen könnte ohne die ulkigen Gestalten, über die wir lachen oder über die wir entsetzt sind, aber die unabänderlich zu der Geschichte gehören.

Wenn nun die öffentliche Meinung – Kultusministerium und Journalismus – leidenschaftlich dahinter her ist, aus dem Zeitgenossen unseres Jahrhunderts eine 08/15-Figur zu machen, so muß man verstehen, wie erschreckt all diese Gruppen sind, wenn das nicht gelingt, wenn dann irgend etwas anderes zustande kommt.

Der einzelne Mensch, der durch all diese Erziehungsmühlen hindurchgeht, ist selbst bestrebt, eine solche 08/15-Figur zu sein, und nimmt es sich übel, wenn er es nicht ist, beichtet, fühlt sich sündig und ist reuig und merkt gar nicht, daß er jedesmal mitwirkt an der Entropie des Daseins, an dem Lebensschwund des Daseins. Der einzelne Mensch von heute hat ja gar nicht den Mut, der Wirklichkeit seines Wesens ins Auge zu blicken. Er blickt seine Wirklichkeit nur an durch die 08/15-Brille, die ihm von der frühesten Jugend an bis zur Vollendung seiner Erziehung verabreicht wird. Alles, was da nicht hineinpaßt, ist für ihn, genau wie für seine Umwelt, das Böse und das Schlechte.

Blickt man in den Mythos hinein, so sieht man lustig die Kräfte wirken, die nach dieser 08/15-Brille böse, schlechte und verbotene Kräfte sind. Und es kommt der Augenblick, da der Mensch die Großartigkeit des Mythos versteht und ihm plötzlich unbehaglich wird und er denkt: Ja wären nicht am Ende diese von mir stets in die Ecke geschobenen, verdrängten Kräfte auch etwas sehr Gutes, was mitwirken könnte an der Gestaltung meines Bildes, daß es nicht ein entropisches Bild eines Menschen werde, sondern ein aufblühendes? Man schaut sich auf der Straße um und sieht lauter müde, abgehetzte, meist widerwärtige und vergrämte oder leidvolle Menschen. Das ist doch das Produkt unseres Jahrhunderts. Ist denn dazu der Mensch bestimmt, daß am Abend zwischen fünf und sieben Uhr nur verhärmte und gehetzte und ausgelaugte und geschwächte Gestalten durch dieses Dasein schwanken? Wie wunderbar wäre es, wenn dafür lauter prachtvolle, starke und kräftige, ich möchte gerne sagen: entfesselte Gestalten durch die Straßen gingen und man angesichts dieser Gestalten entsetzt wäre vor der Kraft, die in ihnen lebt, aber zugleich erleben könnte, daß der Mensch wirklich etwas Kraftvolles ist!

Natürlich kann das nicht geschehen in einem Zeitalter des Mißtrauens und der Angst, der Armseligkeit. Wenn man nicht davon durchdrungen ist, daß der Mensch von Gott geschaffen ist und daß der Lebenslauf und das Zusammenspiel von ihm geleitet wird, dann muß man sofort schreien, wenn ein Mensch sich entfesselt. Würde man aber den Dingen ihren Lauf lassen, die Kräfte gleichmäßig fassen und sie an dem Wagen unseres Lebens in Aktion treten lassen, dann begönne ein neues mythologisches Zeitalter.

Zunächst also müssen wir zum mythologischen Bewußtsein zurückfinden, also ganz ruhig und sachlich, aber sehr streng mit uns ins Gericht gehen und die Stelle aufsuchen, an der wir die Barriere aufgebaut haben, mit Hilfe derer wir die mythologischen Bilder daran hindern, uns zu nahe zu kommen. Sie kommen uns nur nahe, wenn wir bereit sind, sie in uns einbrechen zu lassen, genauso wie wir entschlossen sein müssen, uns in sie zu verwandeln. Das ist ein gegenseitiger, ein doppelter Prozeß, der im Ergebnis auf dasselbe herauskommt; nur ist es sehr wichtig, ihn in seiner Doppeltheit ins Auge zu fassen. Das eine ist größtenteils die Leistung der Bilder, wenn sie in uns eingehen, das andere ist die von uns zu vollziehende Leistung, wenn wir uns in sie verwandeln. Am Ende wird man nicht sagen können, daß die Bilder oder ich gesiegt hätten, sondern es wird aus diesem Ringen sich das ergeben, was aus der Begegnung an Befruchtung für mich und mein Schicksal erwachsen muß.

Die große Schwierigkeit, die der heutige Mensch für ein Verständnis des Mythologisch-Heroischen in sich vorfindet, besteht darin, daß wir aufgrund der besonderen geistigen Entwicklungsumstände des Abendlandes ein geradliniges Weltbild haben, das vor der Wirklichkeit des Mythos vollkommen zerbricht. Das mißverstandene Christentum hat den Menschen auf eine Bahn verlockt oder verführt, auf der es angeblich möglich sein soll, so zu leben, daß man nur am Guten, am Schönen, am Lichten, am Reinen, am Wahren partizipiert und die andere Hälfte des Daseins, die nächtige Hälfte des Bösen, vollkommen vermeidet.

Dem stehen die Wirklichkeit und die Wahrheit gegenüber. Die Wirklichkeit und die Wahrheit sagen uns, daß jeder, *jeder*, an die dunklen Mächte opfern muß. Und bei einer etwas gründlicheren und tieferen Einsicht wissen wir auch, daß nur dem Sturz in die Tiefe und in die Nacht der wirkliche Aufschwung zur Höhe und das Wissen um das Licht abgerungen werden kann und daß niemals aus der blassen, asthenischen Region des Mittelmäßigen das wirklich Leuchtende, Zündende, Genialische erwächst, sondern immer nur aus dem Einsatz in der äußersten Gefahr.

Wer es nicht glaubt, lese die Apokalypse des Johannes und versuche sich vorzustellen, es wäre nicht nur eine mehr oder weniger erschreckend-amüsant-sensationelle Lektüre, sondern die dort geschilderten Dinge würden Wirklichkeit werden; und er prüfe sich darauf, wo er sich jeweils bei den dort geschilderten einzelnen Szenen befände. Er würde sehr rasch erkennen, daß im letzten Buch der Bibel der ganze Zauber der abendländischen Verführungskunst eines tugendhaften Weges mit einem Handstreich weggewischt wird. Schon der Eingang der Apokalypse würde dazu durchaus genügen, aber die späteren Kapitel ergänzen das auf eine gründliche und nicht eben sachte Weise.

Letztlich geht es einfach um den Mut zur Aufrichtigkeit zu sich selbst und die Wahrhaftigkeit zu sich selbst – ein Mut, der sehr rasch erweist, wie sehr das eigene Wesen an den dunklen Seiten des Daseins partizipiert. Gerade diese Annahme macht es einem dann möglich, ohne Eitelkeit auch das andere wahrzunehmen: daß dieser Partizipierung am Dunklen eine ebensolche am Hellen entspricht.

Eine wunderbare Erregung, ein Zorn, eine Empörung können über einen kommen, wenn man mit diesen Eierschalen abendländischen Halbbewußtseins sich dem Mythos stellt und eine Luft atmet, in der so selbstverständlich und ruhig die Ganzheit des gefährlich-gefährdenden Daseins des Menschen angenommen und anerkannt wird.

Göttliche Berufung!

Wir wissen es ganz genau aus den Bereichen, die uns zugänglich sind – also etwa aus den biblischen Bereichen –, daß alle die Menschen, die in diesem Stil der abendländischen Auffassung eine göttliche Berufung tragen, an Ereignissen und Kräften des Lebens teilnehmen müssen, an denen wir alle – die durchschnittlichen Bürger des Daseins – nie teilhaben möchten. Es ist uns ganz recht, daß diese großen Berufenen das auf sich nehmen, aber wir sind doch froh, daß es uns erspart bleibt. Wir möchten im Ernst in gar keiner Weise an den Schicksalen der göttlichen Berufung teilhaben, sondern uns ist wohl in dieser – wie wir ja glauben – Nicht-Berufenheit. Wir richten unser Leben so ein, daß möglichst nichts von dem sich ereignet, was unmittelbar zu den Signaturen dieser Leben gehört.

Hier muß man sehr ernst sein mit sich und darf sich gar keine Unaufrichtigkeit gestatten. Das Licht, in das man da gerückt wird, ist bei aller Bemühung um die christliche Tugend mehr oder weniger ein recht trübseliges Nachtlicht, aber es ist in gar keiner Weise etwas, was leuchtet oder gar erleuchtend wirkt. Dieses Nachtlicht speist sich aus den ganz raffinierten Selbsterhaltungstrieben des Menschen, aus seiner listigen Feigheit und Drückebergerei.

Vergessen wir doch nie, in welcher Weise der Zentralheros des Abendlandes, *Jesus von Nazareth*, an der Dunkelheit des Daseins teilnehmen mußte! Man darf solche Dinge nicht übersehen wie diese, daß er sich in seinen Kreis den Judas und den Petrus ruft.

Selbstverständlich hat das theologische Denken uns so verbildet, daß wir diesen Jesus von Nazareth als »*deus ex machina*« über allen Dingen schwebend sehen, wie er aus seiner großen geistigen Erkenntnis heraus die Dinge ordnet. Vergessen wir nie, daß das Johannes-Evangelium in seinem Anfang den Satz enthält: καὶ ὁ λόγος σὰρξ ἐγένετο – »Und der Logos ist Fleisch geworden«. Die Christenheit hat ja ihren Meister mit dem Logos identifiziert. Und wenn man das tut, dann muß man doch eine solche Aussage ernst nehmen, die bedeutet, daß dieser Logos nicht etwa nur in seinem geistigen Himmel schwebte und von da aus die Schicksale seines vor den Menschen dargelebten Lebens dirigierte, sondern daß er in einer Vollgültigkeit sich diesem Leben unterzog – wie wir alle – und daß neben dieser Geistigkeit eine durchaus voll entwickelte Seelenhaftigkeit da war und eine ebenso voll entwickelte Körperlichkeit. Mag die Geistigkeit noch so entwickelt gewesen sein, so göttlich, wie man sich nur immer denken mag nach der abendländischen Theologie, im Seelenraum des Menschen war die Zuneigung zu Judas, die Zuneigung zu Petrus, die Zuneigung zu Thomas da. Ohne das geht es nicht.

Keine echte Schulung verlangt von einem Menschen die Überwindung von Sympathie und Antipathie im Sinne einer Ablegung, sondern nur im Sinne einer Kenntnisnahme der Wirkensmöglichkeit dieser beiden Kräfte und ihrer weithin möglichen Direktion. Solange Menschen leben in der menschlichen Konfiguration, wird es ihnen nie gelingen, sich von den Kräften der Sympathie und Antipathie zu befreien, denn sie gehören zu dem Wunderbarsten, was das tragische Bild des Menschen erfüllt und erleuchtet.

So waltet selbstverständlich in Jesus von Nazareth die Sympathie zu den Menschen, die er sich als Schüler erwählt hat. Nicht eine Sympathie, von der er abhängig ist – das muß er ja gar nicht sein –, aber diese wunderbare Sympathie, die entsteht, wenn die Wesen ahnen, was an gemeinsamem Schicksal ihnen auferlegt ist – πρὸ καταβολῆς κόσμου – »bevor noch die Welt grundgelegt war«, wie es im Hohepriesterlichen Gebet heißt. Das schwingt dann mit und schafft diese unausweichliche Anziehung, die man von der erhabenen Höhe eines freien Geistes aus ganz kühl erleben kann, wenn man töricht ist, der man sich aber voll und ganz mit allen Wirkungen und Gefahren ergibt, wenn man ein *Held* sein will, also gewissermaßen ein Wesen, das hell ist. Man muß also wissen, welche tiefe Sympathie Jesus von Nazareth mit der dunklen Seite des Daseins verband. Von der lichten brauche ich nicht zu reden, von der wird auf den Kanzeln seit zwei Jahrtausenden vergeblich gesprochen.

Wenn wir an den Beginn des Lebens Jesu denken und wenn wir für einen Augenblick den im Neuen Testament immer wieder auftretenden Hinweis auf Prophezeiungen, auf Voraussagen ernst nehmen, etwa die Formulierung: »wie geschrieben steht...«, dann wird doch darin zum Ausdruck gebracht, daß die Geschehnisse von morgen schon ihre Bestimmung im Heute haben und daß die Geschichte nach einem groß angelegten Plan verläuft, in dem die einzelnen Züge auf eine wunderbare Weise geordnet sind, manchmal auf eine erschreckende Weise. Wenn wir das also ernst nehmen, dann ist doch gerade das geschichtliche, geographische und zeitliche Milieu, in dem eine solche Gestalt wie Jesus von Nazareth geboren wird, genau das, was sein muß. Oder umgekehrt: Dieses Milieu muß sein, damit dieser Mensch geboren werden kann.

Wie sieht dieses Milieu aus? Es hat wenig zu tun mit der so gemütlich-gemütvollen, meist etwas ins Sentimentale verlagerten Weihnachtsstimmung, die ja mehr aus den Bedürfnissen des heutigen Menschen erwächst als aus einer objektiven Erkenntnis des Jesuslebens. Die Eltern in einer bürgerlichen absolut fragwürdigen Situation, irgendeine voreheliche Geschichte, ein nicht ganz geklärtes Verhältnis von Mann und Frau – über was regt sich die bürgerliche Moral mehr auf als über solche Dinge! Dann eine Familie, die diesen bestimmten Geruch um sich hat: ehemals regierende Familie, jetzt verarmt, mehr oder weniger in der Emigration lebend, etwas leicht Heruntergekommenes daran. Dann die Heimatlosigkeit in diesem Augenblick, die gekennzeichnet ist dadurch, daß niemand etwas mit den beiden zu tun haben will. Eine absolut unwürdige Situation in einem Stall oder in einer Höhle, als Wiege eine Krippe. Es folgt das Erschrecken und Aufscheuchen der Hirten auf dem Felde und die Auslösung der Bosheit des Herodes. Jesus von Nazareth ist schuld daran, daß unzählige Kinder bei dem Kindermord von Bethlehem sterben müssen, denn der Plan des Herodes kommt ja aufgrund seiner Erscheinung zustande, ohne seine Geburt wäre nichts geschehen. Dann die Flucht nach Ägypten, Emigrantenschicksal und so weiter... Da ist auch gar nichts, was uns darüber im Zweifel ließe, was zur göttlichen Berufung dazugehört!

Wie es zu der Zeit in den Seelen von Maria und Joseph ausgesehen hat, können wir uns denken. Das mindeste, was man sagen kann, ist: sehr gespalten. Natürlich war auf der einen Seite das Himmelhoch-Jauchzen eine Möglichkeit, aber auf der anderen Seite Angst, Entsetzen, Grauen und Zweifel. Das ist eben menschlich, und das heißt: gespannt in die entgegengesetzten Pole und dazwischen hin- und herschwankend das menschliche Gebilde. Das ist der Mensch. In dieser

Umgebung spielt sich das sogenannte Weihnachtswunder ab. Das ist Mythos.

Der Stern der göttlichen Berufung ist ein Stern der Umwälzungen, der Gewitter, der Erdbeben, der Erschütterungen. Das ist eine Signatur, die wir nicht übersehen dürfen. Das wunderbare, zarte Bild der jungfräulichen Mutter mag für eine tiefere Schicht Gültigkeit haben und uns da ergötzen, aber hüten wir uns ja, uns ängstlich in dieses Bild zu flüchten, damit wir die anderen vordergründigen, wirklichen, fleischlichen Bilder nicht sehen müssen! *Die* stehen da. Die wunderbare Jungfräulichkeit der Mutter geht eigentlich nur diese Mutter an und das Kind, aber nicht uns.

Das ist eine der Signaturen. Wir finden sie auch bei der Gestalt, die uns weiter beschäftigen soll und die dem griechischen Mythos angehört.

Ein menschliches Ehepaar, *Amphitryon* und *Alkmene*, lebt in einer wunderbaren Einigkeit miteinander, und ein herrlicher Glanz griechischer Heiterkeit liegt über ihrem Dasein. Aber es ist nur ein schöner Morgen. Und wie mancher Morgen die Gewitter des Tages schon ankündigt, so auch hier.

Beide gehören sie der Familie des Perseus an, eines alten Heros, der uns ja, an unseren Sternenhimmel versetzt, noch geblieben ist. Schon Perseus hat es mit den Abgrundmächten zu tun, die die menschliche Existenz bedrohen – ganz gewiß nie, weil sie diese menschliche Existenz vernichten könnten, keine dieser Abgrundgestalten hat dazu die Macht. Nur der Mensch fürchtet sie, weil er nicht glaubt. Aber der Kampf mit diesen Abgrundmächten erweist den Rang, die Qualität und vermittelt den Standort des jeweiligen Menschen. Es sind die Mächte, die mit dem Dreschflegel das Korn dreschen und herausfinden, was Spreu und was Weizen ist. Mit diesen Mächten hat es Perseus, der Ahn von Amphitryon und Alkmene, zu tun gehabt. Das steht irgendwo ganz weit im Hintergrund.

Dann geschieht das, was immer geschieht: die Vertreibung aus der Heimat. Sie gehört zu der grundlegenden Signaturenreihe jeder großen Berufung, von Adam angefangen bis zu diesem Griechenpaar und dann weiterführend bis zu Joseph und Maria. Immer muß man weg von dem Ort, an dem man aufgrund des Erbes und der Tradition verwurzelt ist. Das ist eine Voraussetzung für die göttliche Berufung und ihre Verwirklichung.

Man kommt dann an einen anderen Ort, der fremd oder vertraut sein kann, an den Ort der eigenen Wahl oder der Bestimmung und damit vielleicht der Qual. Sobald ja der Mensch aus dem natürlichen Zusammenhang der Heimat, aus dem festen Boden der Sitte und Sittlichkeit herausgerissen ist, ist er ein Elender – wie das deutsche Wort im Mittelalter hieß –, ein Fremdling; das war damals dasselbe. Er ist ein Freiwild, preisgegeben, ausgesetzt.

Für den heutigen Menschen ist Ausgesetztheit, Preisgegebenheit, Freiwild-Sein etwas Furchtbares, weil unser Geschlecht nichts Heldisches an sich hat, sondern kleinlich, bürgerlich und ängstlich ist. Für das heroische Zeitalter waren diese Dinge die Anzeichen der großen Berufung.

Der kommende Heros stürzt sich nackt in die Wildnis, fordert die Mächte des Daseins heraus. Er muß gar nicht erst preisgegeben werden, er setzt sich selbst aus. Denn er besitzt die Tugend, die der Menschheit von heute verlorengegangen ist, den *Mut*, der unweigerlich mit dem Herzen verknüpft ist und den wir heute ersetzt haben durch die kluge Intelligenz unseres Gehirns, von der wir glauben, daß sie uns des Mutes entheben könnte. Und wie bitter werden wir enttäuscht und im Leben dafür bestraft!

In dem Augenblick, da man die Sicherungen der Geschichte verläßt, der Vergangenheit, des Gewordenen, in diesem Augenblick, da man sich aussetzt oder ausgesetzt wird, da man sich preisgibt oder vom Schicksal preisgegeben wird, in dem Augenblick ist der Zugang frei für das, was die Menschen das Fürchterliche nennen, das Furchtbare: Entweder man verfällt der *Furcht* oder wird aus der Begegnung zur *Frucht* und bestimmt damit über den Rang und die Qualität und den Ort, den man einzunehmen hat.

Wenn man also die sicheren Mauern des Traditionellen, Konventionellen und damit Berechenbaren verlassen hat, dann beginnt das Unberechenbare, und das ist immer das Geistige. Die Gottheit kommt unmittelbar. Man kann sich nicht bewahren, und man kann sich nicht hüten, denn die Gottheit weiß immer genau den Augenblick, wann der Einbruch erfolgen kann, denn sie kennt ja das Schicksal. Sie weiß, wann Amphitryon nicht auf der Hut ist und über Alkmene wacht, sondern sich wegbegibt, um zum Friseur zu gehen oder etwas zu kaufen oder – sprechen wir im Stil des Mythos – eine große Tat zu vollbringen. Es ist ganz gleichgültig, ob wir in Schlachten ziehen oder eine Seife kaufen. Es ist der Augenblick, auf den es ankommt, da wir das, von dem wir glauben, wir könnten es hüten, nur für einen Augenblick der Zeit aussetzen und damit dem καιρός – schon ist der Gott da und verführt Alkmene. Denn wer sich einmal gelöst hat von dem Gewordenen, auf dem er gründet, der ist offen und bereit für den Gründer, für den Schöpfer, für die Götter, für Gott.

Hätte Alkmene zögern sollen, sich der Gottheit hinzugeben, da es doch das Höchste ist? Ur-Schicksal der Eva! »Ich habe einen Sohn gewonnen von dem Herrn«, spricht Eva, als sie ihren Kain geboren hatte. Adam spielt in ihrem Bewußtsein keine Rolle. Dieser Abklatsch der Gottheit, Adam, ist für sie ganz gleichgültig, sie sah in der Umarmung nur die Gottheit selbst. So ist es für Alkmene.

Nichts ist größer für die menschliche Seele, als in die unmittelbare Berührung mit der Gottheit zu kommen. Aber es ist ein ungeheures Schicksal, das sich vollzieht. Denn selbstverständlich entsteht in der Berührung mit dem Göttlichen der lockere Rausch, die Begeisterung, der Enthusiasmus, wie der Grieche sagt, der Tanz, das Fest, die wunderbare Verzauberung, die Unwirklichkeit des Wirklichen, die Verklärung, der Glanz. Verklärung ist immer Täuschung – auch auf dem Tabor –, aber es ist eben die Herrlichkeit der göttlichen Welt, die sich manifestiert in dem Gefängnis der irdischen Sklaverei.

Was ist die Wirklichkeit? Der Freudentaumel mit

den Göttern in unserem Inneren oder der nüchterne Alltag unseres Schweißes, der Dornen und Disteln? War nicht gerade nach dem Sündenfall das Auge der Menschen gehalten, und erkannten sie das Wirkliche nicht mehr? Hatten sie die Wirklichkeit verloren, und sahen sie von da ab die falsche Zielsetzung? Mußte das Weib Kinder gebären mit Schmerzen, wenn es die Möglichkeit besaß, in der inneren, von einem heiteren Lächeln umstrahlten Versenkung den Gott in ihrer Seele, ihrem Herzen sprechen zu fühlen? Mußte der Mann den Acker bebauen, daß er ihm Dornen und Disteln trug, wenn er gewiß war, daß der Schöpfer gezwungen war, sein Geschöpf zu ernähren?

Und wir heute, wissen wir nicht aus dem Gebet des Herrn, das wir bezeugen und beglaubigen, daß wir das alltägliche Brot nicht durch eigene Macht und Anstrengung erringen, sondern in jedem Augenblick durch die uns zugesetzte Gnade der Gottheit empfangen? Und wie leben wir trotzdem!

Aber immer dann, wenn wir uns dem einen voll hingeben, tritt das andere in der Form der Rachegottheit auf. Der Weltschöpfer ist gebunden an den Grund, auf dem er seine Schöpfung baut, besser gesagt, in den er seine Schöpfung verwurzelt. Er ist unbedingt daran gebunden, und die Schöpfung oder das Geschöpf, das sich ihm ganz in heißer Liebe zur Verfügung stellt, ist wohl ihm ganz zugetan, aber vergißt sein, des Gottes Werk, das doch Ent-äußerung bedeutet. Lebe ich nur in der Er-innerung, dann versäume ich die Ent-äußerung, und der Geist der entäußerten Welt wird zur Rachegottheit. Die Gemahlin des Zeus, Hera, verzeiht nicht, daß Alkmene im Rausch sich der Gottheit hingegeben hat. Sie, die das Gegründete verwaltet und erhält, verlangt den Tribut. Der eigentliche Tribut ist nicht mehr entrichtbar, das ist unmöglich, und darum bleibt die Rache, der Haß als das Feld, auf dem die Ausgleichsleistung für den Augenblick der göttlichen Entzückung vollzogen werden muß.

Seltsam, daß die Frucht dieser Stunde, in der Alkmene mit dem Gotte vereint war, nicht dem Gott geweiht erscheint, sondern der Rache- und der Haßgöttin. Er trägt den Namen *Herakles,* also der von Hera oder zu Hera Berufene, und die von Rache und Haß erfüllte Hera, die Gattin des Zeus, bestimmt nun das Schicksal der Frucht jener Stunde.

Das Merk-Würdige, an das wir uns erst in unserem Denken gewöhnen müssen, ist, daß nicht die Liebe des Zeus die Gnadengabe der Götter an Herakles war. Nein, die Rache und der Haß der Hera sind das Gute in dem Leben des Herakles. Nicht der liebende Vater fördert das Kind, sondern die hassende Urahne des Irdischen ist in Wirklichkeit die, die die Förderung leitet. An der Stellung zu dieser Gestalt, zu diesem Gesetz wird sich entscheiden, ob der junge Mensch zu dem wird, zu was er berufen ist, ob er sich nämlich am Ende seines Lebens in einen Gott verwandelt hat, oder ob er nur ein Mensch ist. Hätte er die Rache und den Haß der Hera fliehen können oder wollen, so wäre er in der Bedeutungslosigkeit und Unberühmtheit untergegangen. Aber diese Rache und dieser Haß sind ständig bei ihm, sie sind seine Begleiter. Und dadurch wird er am Ende seines Lebens eine Gottheit.

Das sind die Widersprüche des Daseins, dieses wunderbaren Lebens, die mit dem Verstand nie zu begreifen sind. Aber wenn wir unser *Herz* fragen, das ja selbst in unserer Sprache der *Hera* gewidmet ist, dann wissen wir es ganz genau, daß es so ist:

Das Gute in unserem Leben ist nie das Gute, nur das Böse ist das Gute unseres Daseins!

Es gibt im Neuen Testament jenes erregende Wort, dessen unerbittlich scharfe Wirklichkeit der abendländische Mensch seit zwei Jahrtausenden mit allem möglichen zu entwichtigen versucht: »Viele sind berufen, aber wenige sind auserwählt.« In anfälligen Stunden unseres Daseins – und solche anfälligen Stunden hat auch eine Kultur bzw. die Menschheit in den jeweiligen Epochen ihrer kulturellen Entwicklung – kann man die präzise Klarheit und Eindeutigkeit dieses Wortes in bestimmten Einwänden verhüllen.

Es kommt immer darauf an, wie und wo wir im Augenblick stehen und ob es für uns eine Möglichkeit gibt, uns dem grellen Licht der Wahrheit zu stellen, oder ob wir das verbergende Gebüsch benötigen, das uns vor dem Anruf der Gottheit schützt. Es ist immer alles recht, was wir tun, denn unser Tun entspricht der Reifestufe unseres Lebens und ist Manifestierung der Gesetze dieser Reifestufe. Die Tat macht die jeweilige Bildung unseres Wesens offenbar, bringt sie in das Bild. Nicht wird der Mensch durch die Tat gebildet – es sei denn, daß ihm aus ihr die Lust des rauschhaften Übermutes oder die bittere Pein unsagbarer Reue zuwächst –, sondern die Tat ist die an den Tag gebrachte

Wirklichkeit, die wir in der Vergangenheit in uns geschaffen haben.

Sind wir also schwach, so werden wir uns in die Nebel hüllen oder im Gebüsch verstecken und erleben, was es bedeutet, in dieser Weise auf den Anruf der Gottheit zu antworten. Haben wir nicht aus der Tiefe unseres Wesens heraus ein seltsames Verständnis für Adam und Eva bei ihrem Tun? Ein Verständnis, bei dem wir uns mit einem listigen Augenaufschlag einverstanden erklären damit, obwohl wir das Abscheuliche, das Entwürdigende, das Herabsetzende des Verhaltens erkennen und eine gewaltige Lust in uns fühlen, das Gebüsch zu zerreißen und die Menschenbilder an den Tag zu zerren und in ihrer bloßgestellten Nacktheit vor die Gottheit zu werfen! Aus den Untergründen eines Mitschuldigen kommt halb ein Vorwurf, halb ein Mitleid, aber nirgends eine ganze Haltung, eine ganze Tat, eine ganze Wirklichkeit, nur das dumpfe Klagen der Mitgangster.

Das mag gelten für die Zeiten, in denen wir keine andere Offenbarung zustande bringen als die eines schwermütigen, entnervten Menschen, ohne die Aufrichtekraft der Wahrheit. Dann aber fallen unsere Augen auf uns selbst und sehen uns in der Erniedrigung, im Staub, ohne Würde und ohne Glanz, ohne den Schimmer göttlicher Berufung. »Tut nichts, es muß Gewürm geben, es muß Maden geben!« Aber der Mensch besitzt die Freiheit, seine Lebensordnung zu bestimmen.

Wenn dann die hellen Stunden über uns leuchten, hat das Wort »Viele sind berufen, aber wenige sind auserwählt« einen anderen Klang und einen anderen Glanz. Wohl erschauern wir genau wie vorher vor der Unerbittlichkeit, vor der scharfen Härte dieses Wortes, wohl nahen wir uns ihm vielleicht zitternd und bebend, aber wir versuchen die Begegnung mit ihm. Was kümmert uns die Tatsache, daß unendlich viele nichts anderes sein werden als Spreu, daß sie vermodern und verwesen werden in einer Nichtigkeit ohnegleichen, im Unwesentlichen? Was tarnen wir unsere Angst mit solchem sozialen Mitleid? Fassen wir es doch von der anderen Seite: Mit diesem Wort ist jeder Mensch auf das eindringlichste gewarnt und hingewiesen darauf, daß er seine möglichen Kräfte aufzurufen hat in dem Wissen, daß er in jedem Augenblick an der Stelle steht, wo er wählt zwischen Berufung und Auserwähltheit.

Niemand kann sich dem entziehen, daß er die Berufung besitzt. Der Schritt von der Möglichkeit, der Potenz der Berufung bis zur Verwirklichung ihres Gemeinten ist der Schritt vom Berufensein zum Auserwähltsein. Und dieses Auserwähltsein wird nicht vollzogen durch eine Macht von der Höhe, sondern wird von uns selbst in dem Maß vollzogen, als wir die Berufung vernehmen, annehmen, aufnehmen und sie realisieren mit der gewaltigen Lust unseres Daseins zum Allerhöchsten.

Das wohltemperierte Klima bürgerlicher Existenz im Abendland ist der Feind möglicher Größe, ist der Tod der Erwählten. Das müssen wir mit aller Deutlichkeit sehen. Von niemandem wird verlangt, daß er sich irgendeiner asketischen Mühsal aussetze, aber in dem Augenblick müssen wir wissen, ob wir bestehen können vor der Unerbittlichkeit der Welteinsamkeit, vor der sengenden Glut der Lichtesmächte, vor dem Kältefrost letzter Nüchternheit, ob wir bestehen können vor den tausend Gefahren des Wilden, Ungezähmten, vor den Feuern der Tiefe, den Fluten des Meeres; ob wir die Kraft haben, zu verzichten auf alles das, was die menschliche Klugheit sich erdachte und erbaute. Das ist die Frage, die jeder Mensch, der auf seine Auserwähltheit bedacht ist, sich jeden Tag stellen muß. Und er schaue in den Spiegel und erblicke, was er sich erwählt hat.

Es geht nicht darum, daß wir einer möglichen Macht verantwortlich sind. Was kümmert in dieser Fragestellung die mögliche Macht? Gültig ist allein das Bild, das wir aus uns selbst herausbilden im Gange unserer Lebenskräfte. Allein wir selbst sind uns vor uns selbst verantwortlich. Und wenn die Schergen und Knechte dem Jesus von Nazareth in jener unerbittlichen Stunde in das Gesicht spieen, was tat es ihm? – da er sich dessen bewußt war, daß er, wenn er in den Spiegel sah, das Antlitz erblickte, das die Züge der ewigen Ausgerichtetheit trug. Für ihn leuchtete es in dem Strahlenglanz der bestimmten Erfüllung, mochten die anderen damit tun, was sie wollten.

So muß man stehen können vor sich und seinem Schicksal, ganz gewiß in der Kraft, den letzten Glanz aus sich herausgeholt zu haben – nicht um der Götter willen und nicht um der Menschen willen, sondern um des Wertes des eigenen Lebens willen. Hier erstickt sich die Frage von selbst, ob Egoismus oder nicht Egoismus, denn hier überrundet sich die Egoität des Menschen und mündet ein in das allerhöchste Wesen, das in ihn gelegt ist, oder es geht zugrunde.

Glauben wir doch ja nicht, daß wir – da wir heute mit Hilfe der Druckerschwärze und des Papiers die Mythen der alten Zeit schwarz auf weiß besitzen – ungestraft die Wege dieser alten Mythen gehen können, wenn wir ihnen nur mit List ihr Geheimnis entringen wollen. Jeder muß bezahlen. Der eine bezahlt mit der Langeweile, mit Torheit und Zynismus, nämlich dann, wenn er nicht versteht, weil er nicht zugelassen wird. Der andere bezahlt mit seiner Bereitschaft, mit seiner Offenheit für alles, und er wird belohnt. Man kann sich den Zugang zu der höheren Welt und der tieferen Welt erlisten wie die Pechmarie und wird, trotzdem man den gleichen Weg geht wie die Goldmarie, nie das Gold erleben, sondern nur das Pech. *Ein* Weg und doch ganz entgegengesetzte Schicksale!

Ob wir nun die Bilder des Mythos verstehen oder nicht verstehen, das ist von vornherein eine Frage, die uns gar nicht beschäftigen darf. Das einzige, was wir erkennen und wissen müssen, ist, daß der Mythos die Wahrheit besitzt. Nur meine Eitelkeit kann mich veranlassen, mich dagegen zu verschließen, so daß ich eben die Wahrheit nicht begreifen kann. Sei es drum. Das ist eine Demütigung, aber nicht mehr. Doch gefährlich wäre es, mit dem Hochmut des Toren gegenüber der Wahrheit zu glauben, daß am Ende die Bilder des Mythos zweifelhaft wären. Rascher als er denkt, würde er dahin geführt werden, wo er erkennen müßte, daß sein eigenes Schicksal sich mit den Bildern des Mythos deckt und daß der ganze Mythos Wahrheit ist.

Ich fragte: »Wo ist meine Sünde?«
Da gab mir eine Stimme Antwort:
»Sünde ist, daß du da bist –
Eine schwerere gibt es nicht.«

HERBERT FRITSCHE

Der Ketzer – Und warum Gott ihn braucht

In seinem Buch »Religion und Eros« (München 1941) sagt Walter Schubart vom dionysischen Keuschheitsopfer – das darin besteht, den Kelch des Eros bis zur Neige zu leeren –, es habe den entgegengesetzten Sinn des christlichen Keuschheitsopfers: »Das erstere ist ein Mittel, um keusch zu *werden;* das zweite besteht in dem Gelöbnis, keusch zu *bleiben.*« In dieser großartigen Formulierung liegt meines Erachtens – angedeutet – der Schlüssel, der das Problem Ketzertum/Orthodoxie aufschließt: Konsequente Orthodoxie ist der notwendige Letztausdruck aller echten »Re-ligio«, d. h. all *jener* metaphysischen Bestrebungen des Menschen, die sich (um das Wort Religion zu verdeutlichen) deshalb an Gott »zurückbinden« wollen, weil sie es bedauern, sich von ihm getrennt, »gesondert« zu haben (das Wort »Sünde« kommt von »sondern«, trennen). Sie wären lieber im Paradies verblieben – und so tun sie denn alles, um nicht *noch* tiefer in Sünde zu geraten; die Technik solchen Tuns hat dabei eine sekundäre Bedeutung, z. B. ob die »Rückbindung« vom Menschen selbst her erlangbar sei oder nur dadurch, daß er sich der Gnade anheimgibt. Wo religiöse Menschen (im engeren, wortwörtlichen Sinne) noch relativ »unsündig« sind, da erstreben sie, es um Himmels willen auch zu *bleiben*. Das ist schwer, daher die Unfallversicherungs-Bitte an Gott: »Führe uns nicht in Versuchung!«

Die Logik der Orthodoxie, einschließlich der mehr philosophisch als religiös formulierten Erlösungs-Systeme (z. B. des orthodoxen Hinayana-Buddhismus) besagt stets: »Wären wir geblieben, wie es vom Ursprung her gegeben war – ohne Abstieg auf den verfluchten (notabene um unseretwillen verfluchten!) Acker –, so hätten wir nichts zu leiden gehabt und Gott durch uns auch nichts. Erst unser Nichtverbleiben machte Gott und uns viel Ungemach und macht es nach wie vor. Deshalb haben wir überall dort, wo wir noch nicht extrem sündverstrickt sind, so zu *verbleiben* (Keuschheitsgelübde und andere Enthaltsamkeits-Haltungen den Sünden gegenüber – denn alle Sünden laufen darauf hinaus, daß wir uns mit der ›Welt‹ einlassen und damit wiederum noch weiter von Gott hinweggehen); wo wir hingegen dennoch sündigen – und das beginnt für die Orthodoxie mit dem Geborenwerden, das ja ausdrücklich *wegen* unseres seinerzeitigen Mangels an Wohlverhalten im Paradies nunmehr schmerzlich vonstatten geht, und es endet mit dem Tode, der ebenso ausdrücklich als der Sünde Sold gewertet wird –, wo wir also zu unserer bereits generell sündebedingten irdischen Existenz auch noch spezielle Individualsünden hinzufügen, da gilt es, sie zu tilgen, um ein Verbleibendürfen bei Gott wiederherzustellen.« Auch dabei ist die Methode nur sekundär bedeutsam; bestimmte Religiöse versuchen die Sündentilgung aus eigenem Impetus durchzuführen, worin andere auch schon wieder etwas Sündhaftes erblicken, weil in ihrer Sicht alles eigene Bestreben des Menschen bereits definitionsgemäß vom Eigensein her aktiviert wird, also vom sündigen »Gesondertsein«: man habe, so lehren diese Leute, sich einem Gott oder Heiland hinzugeben, statt, auf sich selber gestellt, etwas zu unternehmen, und sei es auch nur die Tilgung des Auf-sich-selber-Gestelltseins und seiner Folgen. Alle Ideale und Ziele der Religio – die stets in der jeweiligen Orthodoxie ihre Optimalforderungen und Optimalformen herausstellt – gehen aufs Statische. Und sie »gehen« nur deshalb, weil das Statische von uns Menschen – durch Sünde, durch Sich-Absondern *von* und Nichtverbleiben *bei* ihm – auf eine diesem Statischen schmerzliche, es und uns beunruhigende Weise verlassen worden ist. Statisches (und sei es sogar Gott als die erhabene, alle Gegensätze in sich zum Frieden bringende bzw. sie noch als Nichtgegensätze friedlich in sich bergende *Ruhe*) wird nun einmal ungern »beunruhigt«. Religio (abermals: Orthodoxie ist lediglich ihr Höchstausdruck) zielt auf Wiedergutmachung der Beunruhigung Gottes durch unsere Abtrünnigkeit – wenn man es vom Menschen her sieht – und zugleich auf Stillung der leidvollen Unruhe, die durch uns »Sünder« in uns selbst zustandegekommen ist. »Herr, unruhig ist mein Herz, und seine Ruhe findet es erst wieder, ruht es in Dir!« betet – typisch religiös – der heilige Augustin.

Der liebe Augustin hingegen, sein fiedelspielender Gegentypus, ist nicht ein Mann des Statischen und der stabilen Gleichgewichtslage, er ist dem Dynamischen verschworen: ein Vagabund, eine Verkörperung des Labilitätsprinzips. Schon das Vagabundieren als solches kommt ja, wie jegliches Schrittetun überhaupt, durch das (im Grunde recht gefährliche) Spiel mit dem Sich-selbst-Labilisieren zustande: Schrittetun ist nichts anderes als ein riskiertes Hinfallen, das – mittels des jeweils vorangesetzten Beines – in Wanderschaft gewandelt wird. Jeder Schrittetuende sündigt *an sich,* indem er sich *durch* sein Schrittetun von dem »sondert«, wo er *ohne* es »verblieben« wäre. Wer Keuschheit gelobt und innehält, der »bleibt«, wo er ist, d. h. verzichtet auf die Schritte ins Abenteuer und seine Folgen. Das war unser Ausgangsbeispiel. Die Ideale und Ziele der Religio müssen Verbleibe-Ideale und Ziele des endgültigen Verbleibens in und bei Gott sein. Gerät in diese Höchstwertung des Statischen und Stabilen irgendwo Dynamisches, Labiles hinein, dann nur, weil der Religiöse sich einst seinerseits durch Dynamisches und Labiles (eben indem er, vom Vater Adam bis zu ihm selber, ein Gott und ihn schmerzlich beunruhigendes Fehlverhalten produzierte, nämlich das »Sünde« genannte Nichtverbleiben in und bei Gott) »gesondert« hatte und sich deshalb nunmehr »rückverbinden« muß (bzw. sich rückverbinden *lassen* muß) bis zum nie mehr zu beunruhigenden »Verbleib«, welcher als Seligkeit, Nirvana oder wie auch immer bezeichnet wird.

Demgegenüber treibt es der Ketzer wie der Darbringer des *dionysischen* Keuschheitsopfers, durch das man – wir hörten es – auf dem Wege über die Erfüllung und Ausschöpfung des Eros keusch *wird* (statt, im Sinne des christlichen Keuschheitsopfers, keusch zu *bleiben*). Während der Religiöse bei Gott bleibt oder zu Gott geht, geht der Ketzer mit Gott, ja sogar (in den konsequenten Fällen der Absage an Gott, wie wir sie vom Parzifal her kennen) *ohne* Gott als Gott von Gott hinweg. Das ist sein Weg für Gott und damit zu Gott.

Der Ketzer weiß, daß es eine Gotteslästerung ohnegleichen bedeutet, wenn das All und unser Aufnahmeorgan für dieses All – unser Ichbin, das zugleich die göttliche Mitte und Mittlerschaft unserer Existenz darstellt – als Mißgeschick und als verfehlte Gottesabsicht aufgefaßt und angefaßt werden. Dies ist die einzige »Ketzerei«, die er verabscheut und die dafür zur Fundamental-These der Orthodoxen wurde. Jedem Ketzer ist das All und ist sein Ich-bin ein gültiges Zeugnis dafür, daß Gott sich selbst beunruhigte und beunruhigt, indem er schuf und schafft. Das Paradies ist – in der Sicht des Ketzers – nicht ohne Gottes Absicht zerbrochen, denn Gott schuf den Menschen von vornherein als ein Wesen, dessen Insiegel der Gottesebenbildlichkeit darin besteht, daß es Same und Keimkraft der Freiheit enthält; radikaler ausgedrückt: Same und Keimkraft der Freiheit enthielt und enthält der Mensch, weil Gott in ihm von sich selbst fortgegangen ist, weil Gott seine stabile Statik, sein In-sich-Ruhn als Indifferenz, *schöpferisch* und zur labilen Dynamik gemacht hat, indem er sich dem Geschöpf Mensch eingoß und eingab. Der Mensch ist ein Funke Gott in Gewändern, die Menschheit eine Selbstmaskierung Gottes für ein Spiel mit verteilten Rollen, dessen Text aber nicht schon vorliegt, sondern als Stegreif-Komödie über die Bretter geht, die in diesem Falle nicht die Welt *bedeuten*, sondern die Welt *sind*.

So ist denn die Tatsache, daß das also angelegte Geschöpf Mensch *überhaupt* durch die Möglichkeit der Freiheit geadelt war, d. h. daß Gott in ihm wohnte (denn Gott ist die Freiheit), ebenso gottgewollt, wie es selbstverständlich ist, daß keine Freiheit real vorhanden sein kann, ohne sich zu wagen und dadurch erst zu *sein*. Die Ur-Sünde – d. h. das Wagnis der frei angelegten Kreatur, die Anlage ihrer Freiheit »in die Erscheinung treten zu lassen« – war unausweichlich, weil nur durch »Sonderung« vom »Verbleib« bei Gott und bei Gottes Gebot latente Freiheit (welche bei Nichtgebrauch an Inaktivitäts-Atrophie stirbt) zu wirklicher und wirkender Freiheit, d. h. zu sich selbst wird. Auch der Mensch wurde durch diesen Sündenfall erst er selber – und Gott kam auf diese Weise ins All, das, wenngleich von ihm geschaffen, ihm dennoch dort, wo er »nur Gott« bleibt, wo er in der indifferenten Potenzenfülle ruht, ein unzugängliches Gelände ist, in welchem es für ihn kein Erleben und nicht einmal ein Asyl gibt. Erst in der Maske des Menschen kann Gott sich »mit der Welt einlassen«, ja *will* Gott sich mit der Welt einlassen. Dabei gewinnen beide, Gott und Welt – und da sie sich im Menschen, der zugleich der Mittler und Vollführer dieses Prozesses ist, durchdringen, ist der Mensch beiderseits der dramatische Erringer des Gewinns. Sein Sündenfall war – und zwar für Gott, Welt und ihn gleichermaßen – ein »peccatum necessarium« und eine »felix culpa« (um es mit Worten auszudrükken, die sogar im Missale Romanum stehen), er war ein »Sünden*stieg*« (ein von Erich Kahler anläßlich eines Essays über Thomas Manns »Doktor Faustus« geprägter, großartig richtiger Ausdruck).

Da Gott sich durch den Menschen und sogar im Menschen mit der Welt einläßt – was oft so vonstatten geht, daß man den Ausspruch nur bestätigen kann, es sei schrecklich, in die Hände Gottes des Lebendigen zu fallen –, kennt der Ketzer grundsätzlich nur das *dionysische* Opfer, das er selber ist und darbringt: das Leeren eines jeden Kelches bis zur Neige. Er ist dabei konsekrierter Priester, denn er birgt in sich das Allerheiligste, und sein Gottesdienst besteht darin, alle auf seinen Altar geratenden – richtiger gesagt: alle auf dem universellen Welten-Altar, an dem die gesamte Menschheit zelebriert, zu ihm hingeratenden – Substanzen zu transsubstantiieren. »Gott in die Welt einlassen« (nach Martin Bubers Formulierung die Bestimmung des Menschen), das geschieht dadurch, daß der Mensch – des in ihm realpräsenten und zum Ich-bin individualisierten Funkens Gottes bewußt und dessen Entfachung verpflichtet – grundsätzlich nicht »bleibt«, sondern »wird«. Wo er »bleibt«, z. B. in der Tugend oder in irgendeiner »Reinheit des Herzens oder des Handelns«, da versäumt er, als Gesandter tätig zu sein. Der Mensch ist der Gesandte Gottes im All – und seine Legalitäts-Urkunde besteht in der Anwesenheit seines Souveräns in ihm selber, so daß die scheinbare Paradoxie des souveränen Gesandten zustandekommt. Ein Gesandter aber darf nicht siedeln.

Wir können jetzt den Satz Schubarts, von dem wir

ausgingen und der sich auf das Keuschheitsopfer bezog – das dionysische und das christliche – in seiner Gültigkeit wesentlich erweitern und sagen: Das ketzerische Weiheopfer des Menschen besteht darin, buchstäblich alles Menschenmögliche, das dem jeweiligen Ich-bin zugereicht wird, bis zur Neige zu trinken. Das ist des Ketzers Kommunion am Altar. Und es unterscheidet sich dieses ketzerische Weiheopfer vom orthodoxen dadurch, daß es Gott als ein Mittel zur Verfügung gestellt wird, nicht vergebens in jedem von uns Mensch geworden zu sein und nunmehr tatsächlich über diese seine Menschenwerdung hinweg weit und tief in die Welt zu gelangen, deren Allfülle dabei Transsubstantiation erfährt; während das orthodoxe Opfer religiös vollzogen wird, indem der Mensch die Ausgestaltung seines Ich-bin weitgehend unterläßt oder – war sie bereits im Gange – durch Rückbindung an Über-, genauer betrachtet: an *Vor*weltlich-Göttliches niederdrückt, bis er wieder *weniger* ist als dieses Ich-bin. Ebenso wird der Orthodoxe angehalten, seine Tendenzen nicht auf die Welt zu richten, die da entweder (in mehr indischer Perspektive) als Wirbel der Wahn- und Leid-Erzeugung figuriert, dem es streng systematisch zu entgleiten gilt, oder (in mehr jüdisch-christlicher Perspektive orthodoxer Observanz) als Strafstätte, Besserungsanstalt und vom »Fürsten dieser Welt« großartig organisierte Verschwörung gegen das Gute und Rechte: als Klingsors Zaubergarten voller Versuchungen. Bei solcher Sicht läßt man den Weg des »Religiösen« durch die Welt – statt über sie hinaus ins Statisch-Stabile der als »Ruhe in Gott« definierten Seligkeit, die nichtsdestoweniger das religiöse Letztziel *bleibt* – lediglich im Sinne der »Mission« gelten: des aus Mitleid erfließenden Verbreitens der jeweiligen Re-ligio oder, wie im klassischen Hinayana-Buddhismus, ihrer philosophisch eisgekühlten Äquivalente. Auch da, wo Re-ligio ein Ja zur Welt als erlaubt anerkennt – etwa im Christentum, wenn es die Ehe zum Sakrament erhebt –, geht es lediglich um Einzelheiten bei jenem Exerzierreglement, dessen Sinn die Parade »Retour« ist. Denn das »vollzählige Antreten« der entweder unter dem Fluch Adams stehenden oder der durch einen Heiland als Anwärter auf Erlösung vornotierten Menschen gehört nun einmal zu besagtem Exerzierreglement – und es kann nur funktionieren, wenn geheiratet und gezeugt wird. Die religiöse Regulierung und sakramentale Approbierung sowie gleichzeitige Tendenzgebung solcher Notwendigkeiten schützt sie vor dem anarchischen Ausbruch in die Verweltlichung, wie er z. B. zustande käme, wenn Eros selbst sakramental würde: aber nicht im religiösen Sinne (auch ihn ins Kraftfeld der Kehrtwendung einschaltend), sondern im Sinne der Liebeserlebnisse Gottes im Garten seiner Welt.

Verweltlichung (»Säkularisierung«) wird von Theologen stets so bewertet, als bedeute es das Sichabkehren der oder des Menschen von der Bindung an Gott und sei mithin Verlust des Heils. Die Ketzer aber wissen, daß Gott als »Gott in Gott« – eine Wesenheit, die uns nichts angeht, weil sie gar nicht mit uns ins Gespräch zu kommen wünscht – in ebendem Augenblick, als er sich zu manifestieren begann, »Verweltlichung«

zu seinem Willensausdruck machte. Wir nennen das Schöpfung, Genesis. Auch Gott wandte sich damals und damit von sich selber ab und der Welt zu, die dadurch entstand. Es kam ein Zug von – Atheismus in Gott.

Der Homo religiosus, dessen Spitzentyp der Orthodoxe darstellt, bezieht sich selbst in und bei allem auf Gott zurück und läßt jegliches Geschehen auf Gott zurückbezogen sein. Der Ketzer hingegen wandert mit Gott vorwärts in die Welt, labil, nicht stabil (sonst *könnte* er gar nicht wandern), das Dynamische hat er zum Credo, nicht das Statische (denn Gott wäre im Statischen verblieben, wenn ihm das Dynamische nicht wichtiger gewesen wäre) – und da Gott in ihm, dem Ketzer, peregriniert, wäre es verfehlt, ja wäre es gegen Gottes Willen, dieses von Fall zu Fall jedesmal unaustauschbar individualisierte Peregrinieren – dessen wiederum unaustauschbar individualisierte Wegvollführung *Schicksal* heißt – gleichsam gegen den metakosmischen Druck zu wenden, der es aus dem Nochnicht-Sein ins Werden, aus Involviertem, welches vorweltlich zustande kam, in die Evolution zur Welt hin und durch die Welt hindurch treibt.

Für den Ketzer gibt es selbstverständlich ein Jenseits, aber es interessiert ihn nicht. Wo es sich bemerkbar macht, von der Ahnung über das Hellgesicht bis zur himmlischen oder höllischen Erscheinung, da ist es eben, *soweit* es sich bemerkbar macht, Diesseits. Und wenn er nach dem Tode selbst im Jenseits weilt, weilt – oder richtiger: wandert und wandelt – er damit im nunmehr wiederum offenbar gewordenen Diesseits anderen Wesensgefüges (so daß das, was vordem Diesseits war, jetzt Jenseits ist). Worauf es ihm einzig ankommt, das ist – und hier schließen wir den Ring unserer Betrachtung –: dasjenige mit Gott, in Gott und als Gott zu *werden,* was Gott noch *nicht* ist oder hat; während der orthodoxe Religiöse bei dem verbleiben oder zu dem zurückkehren will, was Gott im Urbeginn, nein: jenseits des Urbeginns war. Der Homo religiosus geht seinen Gottesweg zurück ins tief Vertraute, uralte Über- und Vorweltliche, letztlich Unaussagbare. Des Ketzers Gottesweg führt vorwärts ins immer wieder jeweils vollkommen Neue, noch nie Gewesene, fremdartig Weltliche und dennoch – weil es Welt ist, im Schaffenswerk geoffenbarte Gottheit – vernehmlich Erlebbare. Der orthodoxe Religiöse verfehlt Gottes Willen schon im Ansatz, bei der Ur-Sonderung, der Entstehung des Fördergegensatzes Gott/Schöpfung, den er falsch interpretiert. Der Ketzer leidet seit dem Sündenfall ebenfalls, aber er leidet die grandiosen Leiden des Abenteurers für Gott, er leidet Gottes grandiose Abenteuer.

Während das Weiheopfer, das der Religiöse darbringt, in seiner Idealform den Verstümmelten ergibt, den Heiligen, der im Unterdrücken seines Ich-bin und im Nein zu den Versuchungen schließlich »seinen Frieden gefunden hat«, ergibt das vom Ketzer dargebrachte Weiheopfer in seiner Idealform den großen *Aufgetanen,* der als ein Ahasverus friedlos weiterwandert, weil er verfrühten Messianismen kein Obdach gewährt. Das ächtet ihn bei allen Wohlgesinnten – und darum heißt er Ketzer. Gott will in ihm wandern: dies ist das Geheimnis seiner Erwählung zum Ketzer.

Von Gut und Böse

Die Einwohnende Herrlichkeit umfaßt alle Welten, alle Kreaturen, Gute und Böse. Und sie ist die wahre Einheit. Wie kann sie denn die Gegensätze des Guten und des Bösen in sich tragen? Aber in Wahrheit ist da kein Gegensatz, denn das Böse ist der Thronsitz des Guten.

Mond

»Waren Sie schon beim Verhör?« fragte ich nach einer Weile.

»Ich komme soeben von dort. – Hoffentlich werde ich Sie hier nicht lange inkommodieren müssen«, antwortete Herr Laponder liebenswürdig.

»Armer Teufel«, dachte ich mir, »er ahnt nicht, was einem Untersuchungsgefangenen bevorsteht.«

Ich wollte ihn langsam vorbereiten:

»Man gewöhnt sich allmählich an das Stillsitzen, wenn einmal die ersten, schlimmsten Tage vorüber sind.«

Er machte ein verbindliches Gesicht.

Pause.

»Hat das Verhör lange gedauert, Herr Laponder?«

Er lächelte zerstreut:

»Nein. Ich wurde bloß gefragt, ob ich geständig sei, und mußte das Protokoll unterschreiben.«

»Sie haben unterschrieben, daß Sie geständig sind?« fuhr es mir heraus.

»Allerdings.«

Er sagte es, als ob es sich von selber verstünde.

Es kann nichts Schlimmes sein, legte ich mir zurecht, weil er so gar keine Aufregung zeigt. Wahrscheinlich eine Herausforderung zum Duell oder etwas Ähnliches.

»Ich bin leider schon so lange hier, daß es mir wie ein Menschenleben vorkommt« – ich seufzte unwillkürlich, und er machte sofort eine teilnehmende Miene. »Ich wünsche Ihnen, daß Sie das nicht mitzumachen brauchen, Herr Laponder. Nach allem, was ich sehe, werden Sie bald auf freiem Fuß sein.«

»Wie man's nimmt«, antwortete er ruhig, aber es klang wie ein versteckter Doppelsinn.

»Sie glauben nicht?« fragte ich lächelnd. Er schüttelte den Kopf.

»Wie soll ich das verstehen? – Was haben Sie denn gar so Schreckliches begangen? Verzeihen Sie, Herr Laponder, es ist nicht Neugierde von mir – lediglich Teilnahme, daß ich frage.«

Er zögerte einen Augenblick, dann sagte er, ohne mit der Wimper zu zucken: »Lustmord.«

Mir war, als hätte er mich mit einem Stock über den Kopf geschlagen.

Vor Abscheu und Grausen konnte ich keinen Ton herausbringen.

Er schien es zu bemerken und blickte diskret zur Seite, aber nicht das leiseste Mienenspiel in seinem automatenhaft lächelnden Gesicht verriet, daß er über mein plötzlich verändertes Benehmen verletzt gewesen wäre.

Wir wechselten kein Wort weiter und blickten stumm aneinander vorbei.

Als ich mich nach Einbruch der Dunkelheit niederlegte, folgte er sogleich meinem Beispiel, entkleidete sich, hängte sorgsam seine Kleider an den Wandnagel, streckte sich aus und schien, nach seinen ruhigen, tiefen Atemzügen zu schließen, unmittelbar darauf fest eingeschlafen zu sein.

Die ganze Nacht konnte ich nicht zur Ruhe kommen.

Das beständige Gefühl, ein solches Scheusal in meiner nächsten Nähe zu haben und dieselbe Luft mit ihm atmen zu müssen, war mir so gräßlich und aufregend, daß die Eindrücke des Tages, Charouseks Brief und all das erlebte Neue tief in den Hintergrund traten.

Ich hatte mich so gelegt, daß ich den Mörder beständig im Auge behielt, denn ich würde es nicht haben ertragen können, ihn hinter mir zu wissen.

Die Zelle war vom Schimmer des Mondes matt durchdämmert, und ich konnte sehen, daß Laponder regungslos, fast starr dalag.

Seine Züge hatten etwas Leichenhaftes bekommen, und der halbgeöffnete Mund erhöhte diesen Eindruck.

Viele Stunden hindurch änderte er nicht ein einziges Mal seine Lage.

Erst spät nach Mitternacht, als ein dünner Mondstrahl auf sein Gesicht fiel, kam eine leise Unruhe über ihn, und er bewegte unaufhörlich die Lippen, wie jemand, der im Schlaf spricht. Es schien immer dasselbe Wort zu sein – ein zweisilbiger Satz vielleicht –, so wie:

»Laß mich. Laß mich, laß mich.«

Die nächsten paar Tage vergingen, ohne daß ich Notiz von ihm genommen hätte, und auch er brach niemals das Schweigen.

Sein Benehmen blieb nach wie vor gleich liebenswürdig. Sooft ich auf und ab gehen wollte, sah er es mir sofort an und zog höflich, wenn er auf der Pritsche saß, die Füße zurück, um mir nicht im Wege zu sein.

Ich fing an, mir Vorwürfe wegen meiner Schroffheit zu machen, konnte aber den Abscheu vor ihm beim besten Willen nicht loswerden.

So sehr ich gehofft hatte, mich an seine Nähe gewöhnen zu können – es ging nicht.

Selbst in den Nächten hielt es mich wach. Kaum eine Viertelstunde verbrachte ich im Schlaf.

Abend für Abend wiederholte sich haargenau derselbe Vorgang: Er wartete respektvoll, bis ich mich ausstreckte, zog dann seine Kleider aus, legte sie pedantisch in Falten, hängte sie auf, und so weiter und so weiter.

Eines Nachts – es mochte um die zweite Stunde sein – stand ich schlaftrunken vor Müdigkeit wieder auf dem Wandbrett, starrte in den Vollmond, dessen Strahlen sich wie glitzerndes Öl auf dem kupfernen Gesicht der Turmuhr spiegelten, und dachte voll Trauer an Mirjam.

Da hörte ich plötzlich leise ihre Stimme hinter mir.

Sofort war ich wach, überwach – fuhr herum und horchte.

Eine Minute verging.

Schon glaubte ich, ich hätte mich getäuscht, da kam es wieder. Ich konnte die Worte nicht genau verstehen, aber es klang wie:

»Frag mich. Frag mich.«

Es war bestimmt Mirjams Stimme.

Schlotternd vor Aufregung stieg ich, so leise ich konnte, herab und trat an das Bett Laponders.

Das Mondlicht schien voll auf sein Gesicht, und ich konnte deutlich unterscheiden, daß er die Lider offen hatte, doch nur das Weiße der Augäpfel war sichtbar.

An der Starre der Wangenmuskeln sah ich, daß er im Tiefschlaf lag. Nur die Lippen bewegten sich wieder wie neulich.

Und allmählich verstand ich die Worte, die hinter seinen Zähnen hervordrangen:

»Frag mich. Frag mich.«

Die Stimme war der von Mirjam täuschend ähnlich.

»Mirjam? Mirjam?« rief ich unwillkürlich, dämpfte aber sofort den Ton, um den Schläfer nicht zu erwekken.

Ich wartete, bis sein Gesicht wieder starr geworden war, dann wiederholte ich leise:

»Mirjam? Mirjam?«

Sein Mund formte ein kaum vernehmbares, aber doch deutliches: »Ja.«

Ich legte mein Ohr dicht an seine Lippen.

Nach einer Weile hörte ich *Mirjams Stimme* flüstern – so unverkennbar ihre Stimme, daß mir Kälteschauer über die Haut liefen.

Ich trank die Worte so gierig, daß ich nur den Sinn begriff. Sie sprach von Liebe zu mir und von dem unsagbaren Glück, daß wir uns endlich gefunden hätten – und uns nie wieder trennen würden – hastig – ohne Pause, wie jemand, der fürchtet, unterbrochen zu werden, und jede Sekunde ausnützen will.

Dann wurde die Stimme stockend – erlosch zeitweilig ganz.

»Mirjam?« fragte ich, bebend vor Angst und mit eingezogenem Atem, »Mirjam, bist du gestorben?«

Lange keine Antwort.

Dann fast unverständlich:

»Nein. – Ich lebe. – Ich schlafe.«

Nichts mehr.

Ich lauschte und lauschte.

Vergebens.

Nichts mehr.

Vor Ergriffenheit und Zittern mußte ich mich auf die Kante der Pritsche stützen, um nicht vornüber auf Laponder zu fallen.

Die Täuschung war so vollständig gewesen, daß ich Mirjam momentelang tatsächlich vor mir liegen zu sehen glaubte und alle meine Kraft zusammennehmen mußte, um nicht einen Kuß auf die Lippen des Mörders zu drücken.

»Henoch! Henoch!« hörte ich ihn plötzlich lallen, dann immer klarer und artikulierter: »Henoch!«

Sofort erkannte ich Hillel.

»Bist du es, Hillel?«

Keine Antwort.

Ich erinnerte mich, gelesen zu haben, daß man Schlafenden, um sie zum Reden zu bringen, die Fragen nicht ins Ohr stellen dürfe, sondern gegen das Nervengeflecht in der Magengrube richten müsse.

Ich tat es:

»Hillel?«

»Ja, ich höre dich!«

»Ist Mirjam gesund? Weißt du alles?« fragte ich schnell.

»Ja. Ich weiß alles. Wußte es längst. – Sei ohne Sorge, Henoch, und fürchte dich nicht!«

»Kannst du mir verzeihen, Hillel?«

»Ich sage dir doch: sei ohne Sorge.«

»Werden wir uns bald wiedersehen?« Ich fürchtete, die Antwort nicht mehr verstehen zu können; schon der letzte Satz war nur noch gehaucht worden.

»Ich hoffe es. Ich will warten – auf dich – wenn ich kann – dann muß ich – Land –«

»Wohin? In welches Land? –« ich fiel beinahe auf Laponder – »In welches Land? In welches Land?«

»– Land – Gad – südlich – Palästina –«

Die Stimme erstarb.

Hundert Fragen schossen mir in der Verwirrung durch den Kopf: Warum nennt er mich Henoch? Zwakh, Jaromir, die Uhr, Vrieslander, Angelina, *Charousek*.

»Leben Sie wohl und gedenken Sie meiner zuweilen«, kam es plötzlich wieder laut und deutlich von den Lippen des Mörders. Diesmal in Charouseks Tonfall, aber ähnlich so, als hätte ich selbst es gesagt.

Ich erinnerte mich: es war wörtlich der Schlußsatz aus Charouseks Brief.

Das Gesicht Laponders lag bereits im Dunkel. Das Mondlicht fiel auf die Kopfenden des Strohsacks. In einer Viertelstunde mußte es aus der Zelle verschwunden sein.

Ich stellte Frage auf Frage, bekam aber keine Antwort mehr.

Der Mörder lag unbeweglich da wie eine Leiche und hatte die Lider geschlossen.

Ich machte mir die heftigsten Vorwürfe, alle die Tage über in Laponder nur den Verbrecher und niemals den Menschen gesehen zu haben.

Nach dem, was ich soeben erlebt, war er offenbar ein Somnambuler – ein Geschöpf, das unter dem Einfluß des Vollmondes stand.

Vielleicht hatte er den Lustmord in einer Art Dämmerzustand begangen.

Bestimmt sogar.

Jetzt, wo der Morgen graute, war die Starrheit aus seinen Zügen gewichen und hatte dem Ausdruck seligen Friedens Platz gemacht. So ruhig kann ein Mensch doch nicht schlummern, der einen Mord auf dem Gewissen hat, sagte ich mir.

Ich konnte den Moment, wo er aufwachen würde, kaum erwarten. Ob er wohl wüßte, was geschehen war?

Endlich schlug er die Augen auf, begegnete meinem Blick und sah zur Seite.

Sofort trat ich zu ihm und ergriff seine Hand: »Verzeihen Sie mir, Herr Laponder, daß ich bisher so unfreundlich zu Ihnen gewesen bin. Es war das Ungewohnte, das –«

»Seien Sie überzeugt, mein Herr, ich begreife vollkommen«, unterbrach er mich lebhaft, »daß es ein scheußliches Gefühl sein muß, mit einem Lustmörder beisammen zu sein.«

»Reden Sie nicht mehr davon«, bat ich. »Es ist mir heute nacht so mancherlei durch den Kopf gegangen, und ich werde den Gedanken nicht los, Sie könnten vielleicht – – –« Ich suchte nach Worten.

»Sie halten mich für krank«, half er mir heraus. Ich bejahte: »Ich glaube es aus gewissen Anzeichen schließen zu dürfen. Ich – ich – darf ich Ihnen eine direkte Frage stellen, Herr Laponder?«

»Ich bitte darum.«

»Es klingt etwas merkwürdig – aber – würden Sie mir sagen, was Sie heute geträumt haben?«

Er schüttelte lächelnd den Kopf. »Ich träume nie.«

»Aber Sie haben aus dem Schlaf gesprochen.«

Er blickte überrascht auf. Dachte eine Weile nach. Dann sagte er bestimmt:

»Das kann nur geschehen sein, wenn Sie mich etwas gefragt haben.« Ich gab es zu. »Denn wie gesagt, ich träume nie. Ich – ich wandere«, setzte er nach einer Pause halblaut hinzu.

»Sie wandern? Wie soll ich das verstehen?«

Er schien nicht recht mit der Sprache herauszuwollen, und ich hielt es für angezeigt, ihm die Gründe zu nennen, die mich bewogen hatten, in ihn zu dringen, und erzählte ihm in Umrissen, was nachts geschehen war.

»Sie können sich fest darauf verlassen«, sagte er ernst, als ich zu Ende war, »daß alles auf Richtigkeit beruht, was ich im Schlaf gesprochen habe. Wenn ich vorhin bemerkte, daß ich nicht träume, sondern ›wandere‹, so meine ich damit, daß mein Traumleben anders beschaffen ist als das – sagen wir: normaler Menschen. Nennen Sie es, wenn Sie wollen, ein Austreten aus dem Körper. – – So war ich zum Beispiel heute nacht in einem höchst sonderbaren Zimmer, zu dem der Eingang von unten herauf durch eine Falltür führte.«

»Wie sah es aus?« fragte ich rasch. »War es unbewohnt? Leer?«

»Nein, es standen Möbel darin; aber nicht viele. Und ein Bett, in dem ein junges Mädchen schlief – oder wie scheintot lag –, und ein Mann saß neben ihr und hielt seine Hand über ihre Stirn.« Laponder schilderte die Gesichter der beiden. Kein Zweifel, es waren Hillel und Mirjam. Ich wagte vor Spannung kaum zu atmen.

»Bitte, erzählen Sie weiter. War sonst noch jemand im Zimmer?«

»Sonst noch jemand? Warten Sie – – – nein: sonst war niemand mehr im Zimmer. Ein siebenflammiger Leuchter brannte auf dem Tisch. – Dann ging ich eine Wendeltreppe hinunter.«

»Sie war zerbrochen?« fiel ich ein.

»Zerbrochen? Nein, nein; sie war ganz in Ordnung. Und von ihr zweigte seitlich eine Kammer ab, darin saß ein Mann mit silbernen Schnallen an den Schuhen und von fremdartigem Typus, wie ich noch nie einen Menschen gesehen habe: von gelber Gesichtsfarbe und mit schrägstehenden Augen; er war vornübergebeugt und schien auf etwas zu warten. Auf einen Auftrag vielleicht.«

»Ein Buch – ein altes großes Buch haben Sie nirgends gesehen?« forschte ich. Er rieb sich die Stirn:

»Ein Buch, sagen Sie? – Ja. Sehr richtig: Ein Buch

lag auf dem Boden. Es war aufgeschlagen, ganz aus Pergament, und mit einem großen, goldenen ›A‹ fing die Seite an.«

»Mit einem ›I‹ meinen Sie wohl?«

»Nein, mit einem ›A‹.«

»Wissen Sie das bestimmt? War es nicht ein ›I‹?«

»Nein, es war bestimmt ein ›A‹.«

Ich schüttelte den Kopf und fing an zu zweifeln. Offenbar hatte Laponder im Halbschlaf in meinem Vorstellungsinhalt gelesen und alles wirr durcheinandergebracht: Hillel, Mirjam, den Golem, das Buch Ibbur und den unterirdischen Gang.

»Haben Sie die Gabe zu ›wandern‹, wie Sie es nennen, schon lang?« fragte ich.

»Seit meinem einundzwanzigsten Jahr –«, er stockte, schien nicht gern davon zu reden; da nahm seine Miene plötzlich den Ausdruck grenzenlosen Erstaunens an, und er starrte auf meine Brust, als ob er dort etwas sähe. Ohne auf meine Verwunderung zu achten, ergriff er hastig meine Hand und bat – fast flehentlich:

»Um Himmels willen, sagen Sie mir *alles*. Es ist heute der letzte Tag, den ich bei Ihnen verbringen darf. Vielleicht schon in einer Stunde werde ich abgeholt, um mein Todesurteil anzuhören – –.«

Ich unterbrach ihn entsetzt:

»Dann müssen Sie mich mitnehmen als Zeugen! Ich werde beschwören, daß Sie krank sind. – Sie sind mondsüchtig. Es darf nicht sein, daß man Sie hinrichtet, ohne Ihren Geisteszustand untersucht zu haben. So nehmen Sie doch Vernunft an!«

Er wehrte nervös ab: »Das ist doch so nebensächlich – bitte, sagen Sie mir alles!«

»Aber was soll ich Ihnen denn sagen? – Reden wir doch lieber von *Ihnen* und – –«

»Sie müssen, ich weiß das jetzt, gewisse, seltsame Dinge erlebt haben, die mich nah angehen – näher, als Sie ahnen können – – ich bitte Sie, sagen Sie mir alles!« flehte er.

Ich konnte es nicht fassen, daß ihn mein Leben mehr interessierte als seine eigenen, doch wahrhaft genügend dringenden Angelegenheiten; um ihn aber zu beruhigen, erzählte ich ihm alles, was mir an Unbegreiflichem geschehen war.

Bei jedem größeren Abschnitt nickte er zufrieden, wie jemand, der eine Sache bis zum Grund durchschaut.

Als ich zu der Stelle kam, wo die Erscheinung ohne Kopf vor mir gestanden und mir die schwarzroten Körner hingehalten hatte, konnte er es kaum erwarten, den Schluß zu erfahren.

»Also, aus der Hand geschlagen haben Sie sie ihm«, murmelte er sinnend. »Ich hätte nie gedacht, daß es einen *dritten* ›Weg‹ geben könnte.«

»Es war das kein dritter Weg«, sagte ich, »es war derselbe, wie wenn ich die Körner abgelehnt hätte.«

Er lächelte.

»Glauben Sie nicht, Herr Laponder?«

»Wenn Sie sie abgelehnt hätten, wären Sie wohl auch den ›Weg des Lebens‹ gegangen, aber die Körner, die magische Kräfte bedeuten, wären nicht zurückgeblieben. – So sind sie auf den Boden gerollt, wie Sie sagen. Das heißt: sie sind hiergeblieben und werden von Ihren Vorfahren so lange gehütet, bis die Zeit des Keimens da ist. Dann werden die Kräfte, die in Ihnen jetzt noch schlummern, lebendig werden.«

Ich verstand nicht: »Von meinen Vorfahren werden die Körner behütet?«

»Sie müssen es teilweise symbolisch auffassen, was Sie erlebt haben«, erklärte Laponder. »Der Kreis der bläulich strahlenden Menschen, der Sie umstand, war die Kette der ererbten ›Iche‹, die jeder von einer Mutter Geborene mit sich herumschleppt. Die Seele ist nichts ›Einzelnes‹ – sie soll es erst werden, und das nennt man dann: ›Unsterblichkeit‹; Ihre Seele ist noch zusammengesetzt aus vielen ›Ichen‹ – so wie ein Ameisenstaat aus vielen Ameisen; Sie tragen die seelischen Reste vieler tausend Vorfahren in sich – die Häupter Ihres Geschlechtes. Bei allen Wesen ist es so. Wie könnte denn ein Huhn, das aus einem Ei künstlich erbrütet wurde, sich sogleich die richtige Nahrung suchen, wenn nicht die Erfahrung von Jahrmillionen in ihm stäke? – Das Vorhandensein des ›Instinkts‹ verrät die Gegenwart der Vorfahren im Leib und in der Seele. – Aber, verzeihen Sie, ich wollte Sie nicht unterbrechen.«

Ich erzählte zu Ende.

Alles. Auch das, was Mirjam über den »Hermaphroditen« gesagt hatte.

Als ich innehielt und aufblickte, bemerkte ich, daß Laponder weiß geworden war wie der Kalk an der Wand und Tränen über seine Wangen liefen.

Rasch stand ich auf, tat, als sähe ich es nicht, und

ging in der Zelle auf und nieder, um abzuwarten, bis er sich beruhigt haben würde.

Dann setzte ich mich ihm gegenüber und bot meine ganze Beredsamkeit auf, ihn zu überzeugen, wie dringend nötig es wäre, den Richtern gegenüber auf seinen krankhaften Geisteszustand hinzuweisen.

»Wenn Sie wenigstens den Mord nicht eingestanden hätten!« schloß ich.

»Aber ich mußte doch! Man hat mich auf mein Gewissen gefragt«, sagte er naiv.

»Halten Sie denn eine Lüge für schlimmer als – als einen Lustmord?« fragte ich verblüfft.

»Im allgemeinen vielleicht nicht, in meinem Fall gewiß. – Sehen Sie? Als ich vom Untersuchungsrichter gefragt wurde, ob ich gestünde, hatte ich die Kraft, die Wahrheit zu sagen. Es stand also in meiner Wahl, zu lügen oder nicht zu lügen. – Als ich den Lustmord beging – – bitte, ersparen Sie mir die Details: es war so gräßlich, daß ich die Erinnerung nicht wieder aufleben lassen möchte – – als ich den Lustmord beging, da hatte ich *keine* Wahl. Wenn ich auch bei vollkommen klarem Bewußtsein handelte, so hatte ich *dennoch keine Wahl*: irgend etwas, dessen Vorhandensein in mir ich nie geahnt hatte, wachte auf und war stärker als ich. Glauben Sie, wenn ich die Wahl gehabt haben würde, ich hätte gemordet? – Nie habe ich getötet – nicht einmal das kleinste Tier –, und jetzt wäre ich es schon gar nicht mehr imstande.

Nehmen Sie an, es wäre Menschengesetz: zu morden, und auf die Unterlassung stünde der Tod – ähnlich, wie es im Krieg der Fall ist –, augenblicklich hätte ich mir den Tod verdient. Weil mir keine Wahl bliebe. Ich könnte ganz einfach nicht morden. Damals, als ich den Lustmord beging, lag die Sache umgekehrt.«

»Um so mehr, wo Sie sich jetzt quasi als ein anderer fühlen, müssen Sie alles aufbieten, dem Richterspruch zu entgehen!« wandte ich ein.

Laponder machte eine abwehrende Handbewegung: »Sie irren! Die Richter haben von ihrem Standpunkt aus ganz recht. Sollen sie einen Menschen wie mich vielleicht frei herumlaufen lassen? Damit morgen oder übermorgen wieder das Unheil losbricht?«

»Nein; aber in einer Heilanstalt für Geisteskranke sollte man Sie internieren. Das ist es doch, was ich sage!«

»Wenn ich irrsinnig wäre, hätten Sie recht«, erwiderte Laponder gleichmütig. »Aber ich bin nicht irrsinnig. Ich bin etwas ganz anderes – etwas, was dem Irrsinn sehr ähnlich sieht, aber gerade das Gegenteil ist. Bitte, hören Sie zu. Sie werden mich sogleich verstehen. – Was Sie mir vorhin von dem Phantom ohne Kopf – ein Symbol natürlich: dieses Phantom; den Schlüssel können Sie leicht finden, wenn Sie darüber nachdenken – erzählten, ist mir einst genauso passiert. Nur habe ich die Körner *angenommen.* Ich gehe also den ›Weg des Todes‹! – Für mich ist das Heiligste, das ich denken kann: meine Schritte vom Geistigen in mir lenken zu lassen. Blind, vertrauensvoll, wohin der Weg auch führen mag: ob zum Galgen oder zum Thron, ob zur Armut oder zum Reichtum. Niemals habe ich gezögert, wenn die Wahl in meine Hand gelegt war.

Darum habe ich auch nicht gelogen, als die Wahl in

meiner Hand lag. Kennen Sie die Worte des Propheten Micha:

> Es ist dir gesagt, Mensch, was gut ist,
> und was der Herr von dir fordert?

Würde ich gelogen haben, hätte ich eine Ursache geschaffen, weil ich die Wahl hatte – als ich den Mord beging, schuf ich keine Ursache; nur die Wirkung einer in mir schlummernden, längst gelegten Ursache, über die ich keine Gewalt mehr besaß, wurde frei.

Also sind meine Hände rein.

Dadurch, daß das Geistige in mir mich zum Mörder werden ließ, hat es eine Hinrichtung an mir vollzogen; dadurch, daß mich die Menschen an den Galgen knüpfen, wird mein Schicksal losgelöst von dem ihrigen: ich komme zur Freiheit.«

Er ist ein Heiliger, fühlte ich, und das Haar sträubte sich mir vor Schauder über meine eigene Kleinheit.

»Sie haben mir erzählt, daß Sie durch den hypnotischen Eingriff eines Arztes in Ihr Bewußtsein lange die Erinnerung an Ihre Jugendzeit vergessen hatten«, fuhr er fort. »Es ist das das Kennzeichen – das Stigma – aller derer, die von der ›Schlange des geistigen Reiches‹ gebissen sind. Es scheint fast, als müßten in uns zwei Leben aufeinandergepfropft werden, wie ein Edelreis auf den wilden Baum, ehe das *Wunder der Erweckung* geschehen kann. Was sonst durch den Tod getrennt wird, geschieht hier durch Erlöschen der Erinnerung – manchmal nur durch eine plötzliche innere Umkehr.

Bei mir war es so, daß ich scheinbar ohne äußere Ursache in meinem einundzwanzigsten Jahr eines Morgens wie verändert erwachte. Was mir bis dahin lieb gewesen, erschien mir mit einemmal gleichgültig: Das Leben kam mir dumm vor wie eine Indianergeschichte und verlor an Wirklichkeit; die Träume wurden zu Gewißheit – zu apodiktischer, beweiskräftiger Gewißheit, verstehen Sie wohl: zu beweiskräftiger, *realer* Gewißheit, und das Leben des Tages wurde zum Traum.

Alle Menschen könnten das, wenn sie den Schlüssel hätten. Und der Schlüssel liegt einzig und allein darin, daß man sich seiner ›Ichgestalt‹, sozusagen seiner *Haut*, im Schlaf bewußt wird – die schmale Ritze findet, durch die sich das Bewußtsein zwängt zwischen Wachsein und Tiefschlaf. Darum sagte ich vorhin: ›ich wandere‹, und nicht: ›ich träume‹.

Das Ringen nach der Unsterblichkeit ist ein Kampf um das Zepter gegen die uns innewohnenden Klänge und Gespenster; und das Warten auf das Königwerden des eigenen ›Ichs‹ ist das Warten auf den Messias.

Der schemenhafte Habal Garmin, den Sie gesehen haben, der ›Hauch der Knochen‹ der Kabbala, das war der König. Wenn er gekrönt sein wird, dann – reißt der Strick entzwei, mit dem Sie durch die äußeren Sinne und den Schornstein des Verstandes an die Welt gebunden sind.

Wieso es kommen konnte, daß ich trotz meinem Losgetrenntsein vom Leben über Nacht zum Lustmörder werden konnte, fragen Sie mich? Der Mensch ist wie ein Glasrohr, durch das bunte Kugeln laufen: bei fast allen im Leben nur die eine. Ist die Kugel rot, heißt der Mensch: ›schlecht‹. Ist sie gelb, dann ist der

Mensch: ›gut‹. Laufen zwei hintereinander – eine rote und eine gelbe, dann hat ›man‹ einen ›ungefestigten‹ Charakter. Wir ›von der Schlange Gebissenen‹ machen in einem Leben durch, was sonst an der ganzen Rasse in einem Weltenalter geschieht: die farbigen Kugeln rasen hintereinander her durch das Glasrohr, und wenn sie zu Ende sind – – dann sind wir Propheten – sind die Spiegel Gottes geworden.«

Laponder schwieg. – Lange konnte ich kein Wort sprechen. Seine Rede hatte mich fast betäubt.

»Weshalb fragten Sie mich vorhin so ängstlich nach *meinen* Erlebnissen, wo Sie doch so viel, viel höher stehen als ich?« fing ich endlich wieder an.

»Sie irren«, sagte Laponder, »ich stehe weit *unter* Ihnen. – Ich fragte Sie, weil ich fühlte, daß Sie den Schlüssel besitzen, der mir noch fehlte.«

»Ich? Einen Schlüssel: O Gott!«

»Jawohl *Sie*! Und Sie haben ihn mir gegeben. – Ich glaube nicht, daß es einen glücklicheren Menschen auf Erden gibt, als ich es heute bin.«

Draußen entstand ein Geräusch; die Riegel wurden zurückgeschoben – Laponder achtete kaum darauf:

»Das mit dem Hermaphroditen war der Schlüssel. Jetzt habe ich die Gewißheit. Schon deshalb bin ich froh, daß man mich holen kommt, denn bald bin ich am Ziel.«

Vor Tränen konnte ich Laponders Gesicht nicht mehr unterscheiden, ich *hörte* nur das Lächeln in seiner Stimme.

»Und jetzt: Leben Sie wohl, Herr Pernath, und denken Sie: das, was man morgen aufhenkt, sind nur meine

Kleider; Sie haben mir das Schönste eröffnet – das Letzte, was ich noch nicht wußte. Jetzt geht's zur Hochzeit – – –« Er stand auf und folgte dem Gefangenenwärter. »Es hängt mit dem Lustmord eng zusammen«, waren die letzten Worte, die ich hörte und nur dunkel begriff.

Dein Gott ist gut und böse zugleich, und in der Erscheinung kann er nicht anders sein. Wenn dein Gott nicht auch böse gedacht werden kann, dann ist er eben nicht Gott. Gott als der All-Mächtige muß auch der All-Böse sein.

ALAN W. WATTS

Mythus und Ritus des Christentums

Im Augenblick, da die Theologen Gott zu erklären suchten, begannen sie alle Beziehung zu ihm zu verlieren. Sie behandelten die Sprache des Mythus wie jene der Tatsachen. Sie dachten Gott und erniedrigten ihn auf die Stufe eines toten fixierten Dinges, tot, da alle Dinge Vergangenheit sind und nur die Welt der Erinnerung bewohnen. Die christliche Orthodoxie bestand fast von Anfang an mehr auf wissenschaftlicher als auf metaphysischer oder mythischer Deutung der göttlichen Offenbarung. Dies beruhte zum größten Teil darauf, daß die jüdische wie die griechisch-römischen Kulturen während der Entstehung des Christentums ihr Seelenheil in der individuellen Unsterblichkeit ersehnten. Durch diese Entwicklung beider Kulturen wurde das starke Ich-Gefühl der individuellen Absonderung noch verstärkt und ist seither so eigentümlich für das westliche Denken geworden.

Soweit sich der menschliche Geist mit dem individuellen Ich identifiziert, vermischt er sein Leben mit seiner Vergangenheit. Denn das Ich bedeutet Abstraktion der Erinnerung. So werden Geschichte und Tatsachen wichtiger als die Wirklichkeit. Da das Ich und seine Werte kein wirkliches Leben besitzen, wird die wirkliche Gegenwart leer und das Dasein eine immerwährende Enttäuschung sein, so daß der Mensch auf Hoffnung hin lebt und nichts so sehr lobt wie die Fortdauer. Bei dieser allgemeinen Verstellung der Werte wird auch Gott zu einer Tatsache, einer geschichtlichen Einheit, da die vergangenen und die festgelegten Dinge nun wirklich gewisser und sicherer als irgend etwas anderes erscheinen.

Hierbei wird Gott auch mit dem absoluten Guten, der Moral identifiziert. Denn Gutsein in diesem Sinn ist die durch Erinnerung und Erfahrung als Tatsache übernommene Art des Handelns, die zum Überleben führt. Das Gute kann immer erkannt werden, da es einfach der abstrakte Name für einen positiven Inhalt der Erinnerung ist, und »gute Handlung« ist das Gesetz, die Methode, mehr und mehr auf den sicheren und bekannten Grund zurückzukehren. Moral ist die Weisheit der Erfahrung, der Erinnerung, die uns nicht sagen kann, wie wir leben sollen, sondern wie wir weiter tot bleiben können. Aus diesem Grund betont der hl. Paulus immer und immer wieder, daß das Gesetz Moses kein Leben geben kann, daß ein Gutsein, das nur Gehorsam gegen eine Vorschrift bedeutet, immer sein eigenes Gegenteil – Böses und Sünde – voraussetzt und nährt. »Denn da wir im Fleisch waren, da waren die sündlichen Lüste, welche durchs Gesetz sich erregten, kräftig in unseren Gliedern, dem Tode Frucht zu bringen. Nun aber sind wir vom Gesetz los und ihm abgestorben, das uns gefangen hielt, also daß wir dienen sollen im neuen Wesen des Geistes und nicht im alten Wesen des Buchstabens.«

In der Welt der Tatsachen und vergangenen Erfahrung stehen Gut und Böse im gleichen Verhältnis zueinander wie Freude und Schmerz. Das Gute, an das wir uns erinnern, steht im Widerspruch zu dem Bösen, an das wir uns erinnern. Ohne Böses kann Gutes nicht erkannt werden. Deshalb erneuert das Bewußtsein, das sich zu dem als gut Erkannten zurückwendet, notwendigerweise wieder das Böse – nicht nur weil beide gegenseitig in Beziehung stehen, sondern mehr noch, weil das erinnerte Gute ein totes Gutes ist, das Böses als sein besonderes Verderbnis ausbrütet. Das Gute, das *nicht* in Beziehung zum Bösen steht, ist immer eine nicht gesuchte Gnade, ein nicht erstrebtes Geschenk. Denn im selben Maß wie beim Glück würde das aktive Streben nach dem Guten dieses selbst fortdrängen. Natürlich liegt es nicht in der *Absicht* des Bewußtseins, das immer mehr das erinnerte Gute sucht, Böses neu zu gebären. Ein solches Bewußtsein aber lebt in Selbsttäuschung und ist mit seiner Vergangenheit, seinem Leben, seinem Tod verwoben, so daß es nicht begreift, daß es sich selbst zur Handlung in einem mechanischen, immer sich wiederholenden Kreislauf verdammt. Wenn daher ein solches Bewußtsein seinen erdachten, moralisierten Gott wahrnimmt, muß dieser Gott notwendigerweise vom Teufel begleitet sein, den er *nicht absichtlich* schaffen will. Überdies besteht die ganze Kunst dieses Teufels im Betrug, und das ganze Problem des Bösen ist in ein unergründliches Geheimnis verstrickt. Der Ursprung des Bösen ist ein Problem und Geheimnis, da sich der Mensch mit seiner Vergangenheit identifiziert und sie dadurch nicht begreift.

Ein Mythus aber ist außerordentlich schwer zu zerstören, da er sich in großartiger Weise immer wieder offenbart, selbst wenn man ihn verfälscht und seine Gestalt durch rationalistische oder moralisierende Deutung verändert hat. Wir betonten, daß der Teufel in mannigfacher Weise die bedeutsamste Gestalt des ganzen katholischen Mythus bildet. Der christliche Teufel ist das Ergebnis der katholischen Moralphilosophie, aufgebaut auf dem frühen jüdischen Mythus des dunklen Engels, der nichts anderes als den zornvollen Aspekt Gottes darstellt. Der theologische Teufel ist ein Symbol, das ohne bewußte Absicht die ganze Verwirrung des Denkens aufzeigt, aus dem es stammt.

Die Geschichte vom Fall Adams zeigt im voraus, was der spätere Mythus vom Fall Luzifers höchst lebendig darlegt – daß die Mentalität, die beide hervorbrachte, immer stärker vom Ichbewußtsein verwirrt wurde. Sobald Adam und Eva die Frucht vom Baum der Erkenntnis nahmen, wurden sie ihrer Nacktheit schmerzlich gewahr. Scham und Verlegenheit des ichbewußten Denkens werden hier in ihren Anfangszügen offenbar. Durch den Fall Luzifers trat dieses noch viel grauenvoller in Erscheinung. Der theologische Mythus erzählt, daß Luzifer fiel, weil er sich selbst mehr liebte als Gott, weil er sich von seiner eigenen Schönheit blenden ließ. Folglich ist das Wesen alles Bösen gleichzusetzen mit Selbstliebe als Gegensatz zur Liebe zu Gott.

Die Verwirrung des ichbewußten Denkens besteht in der mangelhaften Einsicht, daß dieses gar nicht wirklich selbstbewußt ist. Es ist ein Denkakt, der aus der an sich wunderbaren und unentbehrlichen Gabe der Erinnerung stammt. Auf Erinnerung beruhen alle Werke der menschlichen Kultur. Es ist nicht einmal so überraschend, daß die menschliche Erinnerung eine Quelle der Verwirrung ist, da sie so klar, eindrucksfähig und einprägsam ist, daß sie auch die überzeugendsten Trugbilder der Wirklichkeit hervorzubringen vermag. Die Erinnerung ist uns eine Hilfe, solange sie weiß, daß sie Trugbilder wiedergibt, ebenso wie der Spiegel uns Dienste leistet, wenn wir das Spiegelbild nicht mit dem gespiegelten Gegenstand verwechseln. Aber wenn das Erinnerte für das *Seiende* genommen wird, für die Wirklichkeit, dann sind wir so verwirrt, als wollten wir im Spiegelbild einen Wagen lenken.

Der Theologie bedeutet es ein sehr tiefes Geheimnis, daß Luzifer das Böse zeugte. Das christliche Bewußtsein kann nicht Luzifers Fehler verstehen, weil es diesen selbst begeht. Es ist *in Gedanken* ichbewußt und denkt, daß es das Böse der Ichliebe begehen kann. In Wirklichkeit aber ist das »Ich«, das wir kennen und lieben, überhaupt nicht das wirkliche Ich. Es ist die Spur, das Echo, des erinnerten Ich, von dem alles Leben, alle Ichheit in dem Augenblick ausgeht, in dem wir seiner gewahr werden. Ichbewußtsein ist also ebenso unmöglich wie das Küssen der eigenen Lippen.

Solange dieser Fehler nicht aufgedeckt wird, ist das Bewußtsein verdammt, in einem richtigen Irrgarten von Trugbildern und Blendwerk herumzuirren. Selbst in seinen heldenhaftesten Anstrengungen, ursprünglich und ehrlich zu sein, betrügt es sich selbst, und dies tritt nirgends deutlicher zutage, als in dem Eifer, mit dem das christliche Bewußtsein zu bereuen sucht und sich um die Verwandlung des eigenen Willens bemüht. Denn das Ich, das wir in der Erinnerung wahrnehmen und für das eigene halten, ist immer ein Lügner und nirgends mehr als wenn es zugibt, ein Lügner zu sein. Der Grund ist ganz einfach, daß das Ichbewußtsein, da es nicht auf Wahrheit beruht, in sich selbst eine Lüge, ein Betrug ist. Sagt also der Bereuende: »Ich bin ein Sünder«, ist seine Feststellung ebenso problematisch wie das berühmte Paradox von Eubulides: »Ich lüge« – eine Feststellung, die falsch ist, wenn sie stimmt. Das Problem in dem Widerspruch: »Ich lüge« liegt in der Unmöglichkeit, etwas über eine getroffene Feststellung festzustellen. Ebenso wenig kann man über den Gedanken nachdenken, den man denkt oder das erkennende Ich erkennen. Das Bewußtsein verfällt einem solchen Unsinn nur deshalb, weil die Erinnerung die überzeugende Illusion gewährt, man könne das Unmögliche erreichen. So wird der christliche Büßer immer gequält durch sein Unvermögen, wirklich zu bereuen, eine Zerknirschung zu erlangen, die echt ist und nicht denselben Beweggrund besitzt wie die Sünde. Immer wieder erfährt er, daß sein Wille ihn verhöhnt, daß das ehrliche Wollen eine unehrliche Absicht besitzt und dies immer und immer wieder in unerschöpflicher Wiederkehr der Fall ist.

So ist es keineswegs erstaunlich, daß das christliche Denken zutiefst vom Teufel gejagt wird. Denn überall findet es den Lügner, selbst beim Eingeständnis der Lüge. Niemand nimmt tatsächlich seine Sünde mehr gewahr als jener christliche Heilige, der begreift, daß er stolz auf seine Demütigung ist – und immer tiefer greifende Schichten des Stolzes entdeckt – eines Stolzes, der empfindsam genug ist, um stolz über die eigene Demut zu sein und dies *ad infinitum*.

Offensichtlich also spricht man dem Teufel eine fast unendliche Intelligenz für subtilste Fälschungen zu, während dies in Wirklichkeit nicht der geringste Scharfsinn ist, sondern nur das endlose Blendwerk von Verwirrung, das aus dem nicht wahrgenommenen Fehler entstammt.

Zuletzt müssen wir dem unvermeidlichen Schluß ins Auge blicken, daß die trugvollste aller Masken des Lügners gerade die Gestalt des absolut gerechten Gottes ist. Nicht zu selten hatten die Christen die unerfreuliche Ahnung, daß der theologische Gott ein unangenehmes Ungeheuer sei. Es wird den Menschen befohlen, daß sie die Sünden der Brüder vergeben, selbst »siebenmal siebzig Mal«. Gott aber vergibt nicht eine Beleidigung, es sei denn unter der Bedingung der Reue und Demütigung. Es wird dem Menschen gelehrt, daß es böse sei, gute Werke um des Lobes willen zu vollbringen. Der Gott der Moralisten aber verlangt, immer und immer gepriesen zu werden. Dem Menschen wird gelehrt, daß das Wesen des Übels in Egoismus und Selbstsucht liegt, der Herr aber kann sich brüsten: »Ich bin der Herr dein Gott. Du sollst Mir allein dienen.« Und es heißt, er habe von Ewigkeit an nur Liebe und Betrachtung seiner selbst gekannt. Wenn man auch zugibt, daß Gottes Herrlichkeit herrlicher ist als alles andere, so daß es nichts gibt, das mehr der Betrachtung und Bewunderung bedarf, selbst nicht bei Gott, so wäre doch diese ganze Auffassung zutiefst ungeheuerlich, gäbe es nicht eine Bedingung, die alles entschädigt.

Diese Bedingung ist, daß Gott ewig in Verwunderung über sich selbst verharrt, ewig sich selbst ein Geheimnis, so daß Er wirklich voller Verwunderung seine eigene Herrlichkeit erfährt und nicht weiß, warum Er Gott ist. »Laß deine linke Hand nicht wissen, was die rechte tut.« Nur dieses wird Gott von dem circulus vitiosus der großen Lüge befreien. Gott ist nur liebenswert, wenn Er nicht behauptet, seiner selbst bewußt zu sein, was eine Unmöglichkeit ist. Glücklicherweise erfüllt der mythologische Gott diese Bedingung. Er erschafft die Welt und dann – welche Überraschung – sieht er, daß sie gut ist. Im Erdenken ihres theologischen Gottes aber lassen sich die Theologen von ihrer ungesunden Logik fortreißen. Gott muß allwissend und allmächtig sein, und so schien es unlogisch, daß Er nicht vollkommenes Wissen und Herrschaft seiner selbst besitzt. An diesem Punkt aber bricht diese ungesunde Logik zusammen. Wenn Gott sich selbst beherrschen muß, ist Er nicht Gott. Wenn Er sich selbst kennen, sich erleuchten muß, ist Er nicht Licht. Ein Gott, der nicht dem Widerspruch verfällt, sich selbst als ein Objekt erkennen zu wollen, ist doch noch allwissend, da Er alle *Dinge* kennt, selbst aber nicht in die Ordnung der Dinge eingeschlossen ist.

Wie wir sahen, offenbart sich Gott nach dem Mythus im Bild des Menschen – da es kein höheres Bild gibt. Aber immer wird das Bild Gottes nach Art des Menschen und seines Denkens verändert. So offenbart es sich in Ausdrücken der westlichen und christlichen Denkart, in einer Art des menschlichen Bewußtseins, die bis zum äußersten Grad in »Ich« und »Mein« »aufgespalten« ist. Drei der größten Umgestalter des Christentums – der hl. Paulus, Augustinus und Martin Luther – erkannten fast bis zur Qual die Probleme und Widersprüche des Selbstbewußtseins und nahmen doch niemals den zugrunde liegenden Betrug wahr, auf dem sich diese Täuschung aufbaut.

So vermochte das Christentum nicht, die westliche Welt von der Spaltung des Denkens, der Schizophrenie zu befreien. Diese bildet eine große Gefahr für die ganze menschliche Kultur, insbesondere, seitdem diese mit einer ungeheuren technischen Macht ausgestattet ist. Das Christentum wurde von einer orthodoxen Hierarchie ausgedeutet, die den Mythus immerfort zu einer Wissenschaft und Geschichte erniedrigte und der metaphysischen Deutung, die andere große orthodoxe Traditionen zuließen, Widerstand leistete. Der somit »theologisierte« Mythus ist nicht imstande, den westlichen Menschen von dem verhängnisvollen Kreislauf einer Vergangenheit zu befreien, die sich immer schneller und schneller wiederholt, von einem Leben, das jede Berührung mit der Wirklichkeit verliert, da es sich immer mehr in die unfruchtbaren Einbildungen der Abstraktion verstrickt. Der lebendige Gott ist zum abstrakten Gott geworden und kann seine Geschöpfe nicht von der Krankheit befreien, von der er selbst befallen ist. Trotzdem das menschliche Wesen ein Organismus ist, der nur in einer wunderbar vertrauten und inneren Beziehung zu seiner sozialen und natürlichen Umgebung leben kann, fühlt sich das westliche Bewußtsein vor allem als Ich, als eine abgetrennte Insel der Wahrnehmung, abgelöst von dem Körper selbst, in dem es wohnt, getrennt von der Umwelt. Hieraus folgt, daß der westliche Gott auch ein abgelöstes »Ich« – eine abgesonderte *Seele* ist, die in vollkommener Trennung vom physischen Weltall lebt, genau so wie der westliche Mensch sich von seinem eigenen Körper abgetrennt fühlt.

Überdies stellt die Teilung des menschlichen Bewußtseins in ein »Ich« und »Mein« die Frage der Selbstbeherrschung in solcher Weise dar, daß sie zu endloser Verwirrung führt, versucht doch das menschliche Wesen seine konkreten Gefühle und Handlungen zu beherrschen und zu lenken, kraft eines Ich und eines Willens, die rein abstrakt sind. Als Ergebnis wird der Mensch in einen Zustand des Widerspruchs mit sich selbst geworfen, der niemals auf die Art gelöst werden kann, die man vorschlägt. Das auf das Gute gerichtete »Ich« kämpft mit dem eigensinnigen »Mein« wie der Reiter auf einem ungezügelten Pferd. »Ich betäube meinen Leib und zähme ihn, daß ich nicht den anderen predige und selbst verwerflich werde.« Dieses Problem zwischen »Ich« und »Mein« aber liegt nicht so sehr im Bewußtsein, sondern eher im Unbewußten. Es ist der Mangel an Einsicht, daß die Gerechtigkeit des »Ich« den gleichen Antrieb hat wie die Sünde des »Mein«, und beide gleicherweise nur Versuche sind, mich zu retten, im Ichsein fortzufahren – die trugvolle Abstraktion der Erinnerung.

Dieser Konflikt spiegelt sich wider in dem unversöhnlichen Krieg zwischen Gott und Satan, in dem die vollkommene Gerechtigkeit Gottes im Grunde nichts anderes ist als die letzte Maske des Teufels, ebenso wie die guten Antriebe des »Ich« eine Verkleidung sind der »selbstsicheren« Antriebe des »Mein«. Der Mythus selbst enthält eine Anzahl wichtiger Hinweise für letztendliche Gleichheit zwischen Gott und Satan; aber hiergegen wendet sich eindeutig die theologische Auslegung. Denn dies trifft den blinden Fleck des westlichen Denkens. Das christliche Bewußtsein hatte immer ein besonderes Vergnügen darin gesehen, zu richten und zu verdammen und einen »Sündenbock« zu finden, auf den es die ganze Wut seiner Entrüstung abladen konnte. Diese vertraute Haltung ist leicht als »Protest-Komplex« zu erkennen, wobei der Unernst der eigenen Motive allgemein versteckt wird durch heftiges Verdammen der gleichen Unernsthaftigkeit bei anderen. Nichts deutet mehr auf die Identität zwischen Gott und Satan hin, als die kompromißlose Begeisterung, mit der die Partisanen Gottes mit ihren satanischen Feinden kämpfen.

Der Mythus selbst aber widerspricht der Theologie. Man erinnere sich an das Einführungsgebet zur Kreuzverehrung im *Missale Romanum*:

> Der du das Heil der Menschheit an den Baum des Kreuzes gebunden hast, *auf daß, woher der Tod kam, alles Leben erstehen möge,* auf daß der durch den Baum Siegreiche auch von dem Baum besiegt würde durch Christus unseren Herrn.

Brüder, nicht fürchtet die Sünde im Menschen, auch in seiner Sünde liebet den Menschen, denn solches ist schon ein Gleichnis der göttlichen Liebe und ist die höchste auf Erden mögliche Liebe.

Liebet die ganze Schöpfung Gottes, das Ganze liebet und ein jegliches Staubkörnchen. Ein jedes Blättchen, einen jeden Strahl Gottes liebet; liebet die Tiere, liebet die Pflanzen, liebet ein jegliches Ding. Und so ihr liebet ein jegliches Ding, werdet ihr Gottes Geheimnis in den Dingen schauen.

Die Brüder Karamasow

Ein Epilog über die »Ersten Dinge«

Nachdem Adam das Ende seiner Irrtümer und Leiden erreicht hatte, fand er nach der Stelle zurück, wo einst der Garten Eden geblüht. Eine unkrautüberwucherte Wildnis bot sich seinem Blick, aber in der Mitte erhoben sich wie vor Zeiten der Baum der Erkenntnis und der Baum des Lebens. Adam, von den Schwielen der Arbeit bedeckt, von den Striemen des Leids verwundet, von den Runzeln des Denkens entstellt, hatte als Begleiter einen weißgewandeten Mann mit hellem Bart und Haupthaar, milden blauen Augen und edeln vergeistigten Händen. Vor deren stillem Wink wich der Cherub mit dem Schwert zurück und machte Adam Platz. Mit teilnehmendem Blick nahm der Begleiter Adams Worte auf, der ihn, einige Schritte von den Bäumen entfernt, selber schweren Herzens verabschiedete.

»Ich danke dir, Lieber, daß du mich hast erlösen wollen, indem du für mich dein Blut gabest. Wohl hast du mir lange Zeit in meinen Qualen Trost gewährt durch die Versicherung, daß Gott nicht Gott des Zornes, sondern der Gnade ist. Wenn ich meine Fehler selber erkenne und bereue, so versicherst du, wird er mit mir nicht allzu strenge ins Gericht gehen. Oh, ich erkenne und bereue meine Fehler nur zu gut, aber was hilft mir Gottes Verzeihung? Ich bleibe doch das erbärmliche Wesen, das ich bin, wenn auch von Gottes Liebe durch deinen Fürspruch geduldet. Ich weiß, Gott wird es mit mir nicht so genau nehmen; wie aber, wenn ich es nun selber mit mir endlich einmal genau nehme? Darum bin ich an diese Stelle zurückgekehrt, wo ich zum ersten Mal leichtfertig gewesen bin. Gott hat es verboten, von dem Baum der Erkenntnis zu essen. Mir verschlug es nichts. Es waren so viele andere fruchtreiche Bäume da, auf den einen konnte ich wohl verzichten. Aber das Weib war klüger als ich. Sie merkte bald, daß gerade die Frucht des verbotenen Baumes das Geheimnis der Welt verlieh, ohne dessen Wissen wir nicht viel mehr als Tiere oder Kinder sind. Sie redete mit der Schlange und brachte mir die Frucht. Ich Narr aber aß, ohne selbst mit der Schlange gesprochen zu haben. Nun wurden freilich unsere Augen aufgetan, und wir wußten, was gut und böse ist. Damit aber begann auch unser Leid, dessen du dich schließlich voll Erbarmen angenommen hast. Waren wir bisher wie Tiere oder Kinder gewesen, so hatten wir uns doch glücklich in unserer Unwissenheit gefühlt. Wir taten, was uns beliebte, und Gott war es zufrieden. Als wir aber wider Gottes Willen erfuhren, was gut und böse ist, da gewahrten wir auch, daß gut und böse in uns selber zu gleichen Teilen liegen. Um nun Gott mit unserem Verbrechen zu versöhnen, hätten wir wissend das Gute tun, das Böse lassen müssen. So sagte Moses, den er uns sandte. Aber wie konnten wir dessen gutes Gesetz erfüllen, waren wir doch selber zur Hälfte böse? Sollten wir nur mit der guten Hälfte leben? Wir haben es versucht, aber die andere Hälfte ließ ihrer nicht spotten. Immer wieder brach sie hervor. Liebten wir das Gute, so schlich sich zugleich der Haß ein in unsere Seelen, indem er sich gegen die wandte, die wir für die Feinde des Guten hielten. Grausam entlud sich oft unser Zorn gegen sie. Und war es wirklich immer das Gute, das wir gegen sie verfochten? War das Gute nicht nur zu oft unsere allerpersönlichste Sache geworden und so verquickt mit unserer Eigenliebe, Eitelkeit und Hoffnung auf Lohn, daß es ganz und gar durchdrungen von unserer bösen Hälfte wurde? Oft genug stürzten wir uns lieber gleich ins Böse, alle Guten in verstocktem Zorn hassend; aber siehe da, nun brach heimlich das Gute in uns hervor in der Liebe zu den Gesellen unserer Sünden, zu den Weibern, die wir uns anfangs nur aus Gier willens gemacht hatten, vielleicht nur zu einem Hund, der uns auf dem Weg des Verbrechens begleitete; und so böse einer war, niemals wollte er, daß auch seine Kinder so würden wie er. So haben wir uns durch die Jahrtausende geschleppt, wissend, was gut und böse ist, aber unfähig, uns für das eine oder das andere zu entschließen. Da erbarmte sich Gott. Er erkannte, daß wir nicht fähig waren, das Gesetz Moses zu erfüllen und sandte dich, seinen eingeborenen Sohn, mit der neuen Botschaft, daß der Glaube an ihn, und der daraus erfließende ehrliche Wille zur Erfüllung des Gesetzes genüge, und, was unseren Werken an eigener Vollendung fehlte, uns zugemessen würde aus der Fülle deiner Vollkommenheit. So haben wir nun wieder Jahrtausende gelebt. Wir sind traurigen, aber nicht vollkommener geworden. Wir sind für das Gute entschieden, können aber das Böse trotzdem nicht lassen. Jedes einzelne Leben ist ein Mißglücken, kann von vornherein gar nicht gelingen, aber am traurigen Ende wird uns dann gnädig verziehen. Nein, das ist nicht länger zu ertragen. Wozu immer wieder von neuem diese sinnlose Qual durchmachen? Der Fehler muß am Anfang liegen. Zu ihm will ich zurück und neu beginnen, nachdem ich selber mit der Schlange gesprochen.«

Schweigend, ohne Tadel und ohne Billigung, verschwand Adams Begleiter über den Feldern; Adam aber wandte sich zu dem abendlich dämmernden Baum der Erkenntnis. In seinen Zweigen raschelte es wie vor Jahrtausenden, die klugen Augen der Schlange blitzten hervor. »Ei Adam«, rief sie aus, »hast du endlich den Weg zu mir zurückgefunden? Lange fürwahr hast du dir Zeit genommen. Welche Werke hast du doch inzwischen ausgeführt! Die ganze Natur hast du dir dienstbar gemacht! Bis zu ihren letzten Gründen wolltest du Wissensdurstiger vordringen, nichts mehr glauben, was du nicht selber gesehen, selber getastet, und doch ist alles umsonst gewesen, solange dir nicht einfiel, woran du zuerst hättest denken müssen, daß all dein stolzes Leben auf einem Hörensagen von deinem Weibe beruht. Eva fühlte sofort, wo sie sich Rats holen sollte, aber ihr Geist ist leichtfertig und begnügt sich mit der Oberfläche der Dinge und dem Ungefähr des Sinnes. Immerhin hat sie mit mir gesprochen und du nicht. Dadurch blieb sie dir durch die Jahrhunderte ein Geheimnis, halb ein himmlisches, halb ein höllisches.

So stolz du warst in deinem Tun und Denken, so sehr du sie oft knechtetest oder verachtetest, weil sie dir in Tat und Gedanke nicht gewachsen war, unweigerlich kehrtest du zu ihr zurück, fielst vor ihr nieder und verlangtest von ihr Trost in deinem Leid. Und Eva lächelte, lächelte, lächelte ihr Geheimnis durch die Jahrhunderte und verriet dir nichts. Sie wußte mehr als du, denn sie hat mit der Schlange geredet, ehe sie vom Apfel aß, aber sie konnte nicht sagen, was sie wußte. Du hingegen kannst alles sagen, was du dir an massenhaftem und doch geringfügigem Wissen mühsam erworben hast, und Eva lächelt darüber, denn das, was es zu wissen gilt, das gerade weißt du nicht, und hättest doch von mir alles erfahren können, wenn du damals wie sie unter den Baum getreten wärest.«

»Und was hättest du mir gesagt?« rief Adam in höchster Erregung aus. »Oder ist es etwa zu spät, wenn ich dich jetzt danach frage?«

»Es ist niemals zu spät, törichter Adam«, sagte die Schlange. »Es stand dir frei, jeden Augenblick zu mir zurückzukehren. Nun hast du es endlich getan nach Jahrtausenden, aber was bedeuten Jahrtausende in der Ewigkeit?«

»Wie hätte ich denn den Weg zu dir finden sollen? Sperrte uns nicht der Cherub mit dem Schwert die Rückkehr? Erst als es mir gelang, den milden traurigen Mann, der sich meiner erbarmt hat, als Begleiter zu gewinnen, mußte mir der Engel ausweichen.«

»Wohlgesprochen, Adam. Hättest du aber damals, als dich der Engel vertrieb, den Blick einen Augenblick umgewendet, so wärest du unter dem Baum des Lebens einen anderen Engel gewahr geworden, den schönsten von allen, den man Luzifer oder den herabgefallenen Morgenstern heißt, weil er, ebenso wie jener traurige Mann, auf die Erde gekommen ist, aber nicht aus Liebe zu den Menschen, sondern aus Trotz gegen Gott. Weil du ihn nicht erkanntest, vermochte dich jener andere nicht zu erlösen. Wohl lehrte jener dich das Gute lieben und auch bisweilen tun, aber blind fielst du immer wieder in das Böse zurück. Wie, wenn du nun in diesem den Lehrer fändest, der dir auch über das Böse die Augen öffnete? Nur weil du blind bist, mußt du dem Bösen immer wieder knechtisch verfallen. Wenn dir aber die Augen aufgehen, wer weiß, vielleicht muß es dir dienen. Das ist das Geheimnis, welches in dem Lächeln der Eva liegt, das sie aber selbst niemals auszusprechen vermag. Nun aber tue, was du damals versäumtest, Adam: kehre dich um.«

Und Adam tat, was ihm die Schlange geheißen. Unter dem Baum des Lebens aber, aus dessen grünem Gelock rote und goldene Früchte leuchteten, stand ein nackter Engel von vollendeter Schönheit, aber mit so grausamem Lächeln und so kalt blitzenden Augen, daß Adam sich erschreckt wieder umwenden mußte.

»Was entsetzt du dich so, du Furchtsamer?« spottete die Schlange. »Sollte dir der Engel so unbekannt sein?«

»Es ist der leibhaftige Böse«, stammelte Adam, »ihm vermag ich nie und nimmer zu folgen.«

»Und bist ihm doch immer wieder durch die Jahrhunderte nachgegangen, wenn jener milde Mann deine Leidenschaft nicht länger zu bändigen vermochte. Immer wieder verblendeten sie dich, führten dich ins Verderben, immer wieder erbarmte sich von neuem jener Milde, denn seine Liebe ist unerschöpflich, aber es hielt dich bei ihm immer nur gerade so lange, bis deine Wunden zur Not geheilt waren, und wiederum stürztest du, durch keine Narbe gewarnt, in das Welttreiben zurück, in das dich jener lockte. Wäre es nicht an der Zeit, ihm endlich mutig in sein grausamschönes Antlitz zu blicken, ihm, wenn du willst, zu folgen und ebenso frei zu dem Milden umzukehren, wie dein Herz dich treibt.«

»Ich kann nicht, ich kann nicht!« rief Adam, sich windend vor Angst. »Das Feuer seiner Augen ist eiskalt, es macht mein Blut gerinnen.«

»Und doch mußt du es nun wagen, furchtlos hineinzublicken, Adam. Hast du ihn erst erkannt, dann bist du gerettet, er muß dir dienen.«

»Wie«, rief Adam aus, »dieser Fürchterliche mir dienen, mir, dem aus Erde Geschaffenen? Ist er denn nicht vom Himmel herabgestürzt und nun der Fürst der Hölle?«

»Diente dir nicht auch der andere, der für dich gestorben ist? Die schwerere Hälfte deiner Erdenaufgabe ist dir ja schon gelungen, Adam. Du hast Gott in Jahrtausende langem Leid seine Liebe abgenötigt, sollte es nicht viel leichter sein, den, welchen du den Teufel nennst, in einem Augenblick in deinen Dienst zu zwingen? Kehr dich nochmals um und wage einen zweiten Blick.«

Und wieder drehte sich Adam zum Baum des Lebens um, und vor dem, was er sah, wurde ihm zumute, als seien die Jahrtausende in die Ewigkeit zurückgenommen worden. Wiederum erblickte er Eva, sein Weib, nackt, wie sie einst unter dem Baum der Erkenntnis gestanden war. Nun aber stand sie unter dem Baum des Lebens und fand ihn lieblich und gut anzusehen und gut davon zu essen und meinte, daß es ein lustiger Baum wäre, weil er schön und stark machte. Sie vermochte aber nicht bis an seine Krone zu reichen. Da pflückte der schöne Engel eine goldene Frucht und reichte sie ihr mit grausamem Lächeln. Sie nahm von der Frucht und aß und reichte Adam auch davon, und er aß. Da wurden ihre Glieder leicht, und die Runzeln glätteten sich auf ihren Stirnen. Ihnen war wieder jung und heiter zumute wie einst, da sie eben aus der Hand Gottes hervorgegangen waren, nur wußten sie nun um ihre Seligkeit. Der Garten Eden aber blühte neu um sie auf, so schön, wie er einst gewesen. Und sie hörten die Stimme Gottes, der im Garten ging, als der Tag kühl geworden war, aber sie fürchteten sich nicht, und Adam rief:

»Herr, wo bist du? Warum hast du uns das angetan? Warum verbotest du uns den Baum der Erkenntnis des Guten und Bösen? Warum wolltest du nicht, daß wir vom Baum des Lebens essen und leben ewiglich? Warum setztest du den Cherub mit dem flammenden Schwert vor den Garten Eden? Siehe, nun haben wir doch zurückgefunden. Der Cherub ist besiegt, die Frucht ist gepflückt.«

Die Stimme des Herrn aber murmelte in den Wipfeln, und aus der Krone des Baumes der Erkenntnis flüsterte die Schlange:

»Gott wollte, daß ihr nicht unwissende Kinder bliebet im Garten Eden. Ihr solltet freie Götter werden. Wie aber konnte er euch aus seinem eigenen Schutz lösen, wenn ihr euch nicht selber befreitet? Darum gab er euch das Verbot, damit ihr euch empörtet und so zuerst euer Selbst spürtet. Oh, ihr verstandet ihn, als ihr von der Frucht aßet. Lange genug habt ihr nun im Schweiße eures Angesichtes euer Brot gegessen, in Schmerzen Kinder geboren. Lange genug habt ihr unter dem Kreuz um Gnade und Verzeihung gefleht für all die Verbrechen, die ihr im Gefühl eurer Sünde aufeinander gehäuft. So wisset denn: Ihr seid frei von Sünden. Die Kraft, die euch trieb, ihm zu trotzen, ist ebenso göttliche Kraft, die von ihm stammt, wie jene andere Kraft, die euch ihn und einander zu lieben treibt bis zur Selbsthingabe. Nur in der Empörung war jene Kraft böse, in eurer Sündenangst war eure Liebe schlecht. Nun aber verliert Adam auch noch die letzte Angst wegen seiner Empörung, nachdem Gott sie selber gut heißt, als in seinem verborgenen Willen gelegen, wie denn geschrieben steht: ›Wer überwindet, dem will ich zu essen geben von dem Holz des Lebens, das im Paradies Gottes ist.‹ Nun ihr aber gegessen habt, ist euch offenbar, daß Gut und Böse keine Gewalten mehr sind, stärker als ihr selbst. In euch ist die Kraft und Schönheit des gefallenen Engels, sowie die Milde und Liebe des eingeborenen Sohnes. Nicht länger sollt ihr einander hassen, noch euch selber kreuzigen. Liebet euch selbst wie euren Nächsten.«

»Woran aber soll ich erkennen, daß du die Wahrheit sprichst?« fragte Adam sinnend.

Die Schlange sprach: »Hat Adam nicht vom Baume des Lebens gegessen?«

Adam aber fühlte, daß er es war, der Lebendige, Allmächtige, der die Schlange so reden hieß. Einst hatte er durch ihren Mund sich selbst aus dem Paradies des Unwissens vertrieben, irrend das Gute und Böse gesucht, sich selbst voll Angst vor der eigenen Sünde das Gesetz Moses gegeben und durch die Liebe des Heilands mutig davon erlöst, und nun zuletzt hatte er wissend zum Leben zurückgefunden.

Und Adam rief zitternd: »Herr, wo bist du?«

Die Stimme des Herrn aber antwortete aus ihm selber: »Hier bin ich!«

Am nächsten Morgen machten sich Adam und sein Weib zum zweitenmal auf, um aus dem Paradies über die Erde zu wandeln und sie sich untertan zu machen, wie Gott verheißen hatte, aber sie fanden das Tor des Gartens nicht. Wohin sie auch ihre Füße setzten, vor ihrem Tritt erblühte der Garten Eden.

THORWALD DETHLEFSEN

Nachwort

Esoterische Betrachtungen über Gut und Böse klingen für unsere Ohren nicht nur sehr ungewohnt, sondern tragen auch einen recht gefährlichen Aspekt in sich. Diese Gefahr gründet jedoch nicht in der Betrachtungsweise selbst, vielmehr drohen in diesem Bereich eine Menge von möglichen Mißverständnissen und voreiligen Fehlinterpretationen; halbes Wissen ist gefährlich, das nicht ganz Verstandene führt in die Verwirrung.

Nicht ganz umsonst bezeichnete man früher esoterisches Wissen als »Geheimlehre«, nicht um der Geheimnistuerei willen, auch nicht aus elitärer Arroganz, sondern aus dem Bewußtsein heraus, daß bestimmtes Wissen und bestimmte Erkenntnisse als Voraussetzung eine Entwicklungsstufe und einen Bewußtseinsstand benötigen, um adäquat integriert werden zu können. Deshalb war in der Vergangenheit die Weitergabe von esoterischem Wissen meist an ein Lehrer-Schüler-Verhältnis gebunden.

Heute erleben wir eine Zeit, in der sehr viele Themen aus dem Bereich der esoterischen Philosophie öffentlich und auflagenstark publiziert werden und damit anfangen, geistiges Allgemeingut breitester Schichten zu werden. Neben dem gewiß erfreulichen Aspekt dieser Entwicklung darf man jedoch nicht die immense Gefahr übersehen, die dadurch entsteht, daß viele Themen – völlig aus dem Zusammenhang gerissen – einfach in das bisherige, exoterische Weltbild hineingezwängt werden, und so mit der Zeit ein weltanschaulicher Eintopf entsteht, der sich bei näherer Betrachtung – die man jedoch meist scheut – als absolut ungenießbar erweisen würde.

Es ist sehr leicht, bestimmte Thesen einfach abzulehnen, weil sie in das eigene, bisherige Weltbild nicht passen, es ist ebenso leicht, eine neue Idee einfach zu übernehmen und dem bisherigen Weltbild zusammenhanglos anzugliedern – schwer aber, mühsam und zeitraubend ist das ständige, unausgesetzte Ringen um immer mehr Bewußtheit, um immer klarere Erkenntnis, das Ringen um ein Wissen, das nicht dem intellektuellen Sammlertrieb dient, sondern die Blüte ist einer Pflanze, die verwurzelt ist in der Dunkelheit des Unbewußten und die durch eigenes Wachstum sich dem Lichte der Bewußtheit entgegenreckt.

Licht und Dunkelheit, Himmel und Hölle, Heil und Sünde, Gut und Böse – Begriffspaare, um die seit Urzeiten die Gedanken der Menschen kreisen, Hauptthema von Mythos, Religion und Philosophie. So berichtet uns der hebräische Mythos von dem Urwasser, dem Chaos, über dem der Geist Gottes schwebte, so erzählt uns der griechische Mythos von Uranus und Gaia, Himmel und Erde, die zusammen die Titanen zeugen. In diesen mythischen Bildern kristallisiert sich eben eine Urerfahrung aus, die im Menschen selbst als

Erlebnis verankert ist: das Ausgespanntsein zwischen Oben und Unten, zwischen Himmel und Erde, zwischen dem Lichten und dem Dunklen, zwischen Gut und Böse. Dies ist die Urerfahrung menschlichen Daseins, dies ist der Ausgangspunkt: wir finden uns vor, hineingestellt, in die Spannung der Gegensätzlichkeit, wir sind umgeben von Gegensätzen, die an uns zerren, ständig müssen wir uns entscheiden, müssen wir unterscheiden, müssen wir wählen, fühlen wir uns aufgefordert, das Richtige zu tun und erleben uns dennoch als unheil.

Diese Ausgangssituation des menschlichen Daseins, das früher die Menschen so zentral beschäftigte, wird in unserer Zeit und Kultur sehr stark verdrängt. Das ist schade und im tiefsten Sinne unheilvoll. An allen Ecken und Enden versuchen wir, durch ein paar funktionale Maßnahmen und Tricks eine heile Welt zu basteln, ohne vorher unser eigenes Unheilsein im vollen Ausmaße konfrontiert zu haben. Blindheit ist die Folge, Wahn und Verwirrung. Hier liegt der Krankheitsherd unserer Kultur. Werfen wir kurz einen Blick auf die Menschen der griechischen Antike, so finden wir hier eine völlig andere Situation vor. Grundlage des antiken Selbstverständnisses des Menschen war das Wissen, daß menschliches Dasein grundsätzlich zum Scheitern hin angelegt ist. Die griechische Tragödie, aus der Mysterientradition des Dionysos stammend, stellt in wohl kaum mehr zu übertreffender Form dieses Grundmuster menschlichen Daseins immer wieder mit strahlender Klarheit vor uns hin. Doch die Erkenntnis, daß der Mensch zum Scheitern verurteilt ist, daß er, was immer er tut, zwingend schuldig wird, weil die Schuld das metaphysische Unterpfand des menschlichen Daseins und seiner Existenz ist, kann vom heutigen Menschen meist nur sehr schwer verkraftet werden, weshalb der Begriff der Tragik sowie das künstlerische Phänomen der Tragödie beim heutigen Menschen sehr schnell negative Assoziationen auslöst. Mit einer solchen voreiligen Betrachtung sollten wir sehr vorsichtig umgehen, sonst übersehen wir leicht, welche Größe, welche Würde, welcher Glanz uns hier entgegenstrahlen. Hölderlin begegnete wohl diesem Glanz, wenn er über die sophokleische Tragödie sagt:

»Viele versuchten umsonst,
das Freudigste freudig zu sagen,
Hier spricht endlich es mir,
hier in der Trauer sich aus.«

Die Würde und die Freiheit des Menschen wurzeln in seiner Schuld. Die Sünde macht den Menschen zum Menschen. Wir sind eine solche Sicht nicht gewohnt, wir verbinden mit Schuld und Sünde immer eine eigene Fehlleistung, von der wir annehmen, sie wäre vermeidbar gewesen, wenn wir uns anders entschieden hätten, wenn wir einfach das »Richtige« oder das »Gute« getan hätten. Wir glauben tief an die Möglichkeit, zwischen dem Richtigen und dem Falschen, zwischen Gut und Böse wählen zu können – eine solche Philosophie halten wir für sehr moralisch und übersehen dabei geflissentlich die Hybris dieser Einstellung (jene Hybris, vor der der griechische Geist so warnt!). Es ist eben schlichte Anmaßung, wenn der Mensch glaubt, daß es grundsätzlich möglich sei, das Gute zu tun und das Böse zu lassen oder – anders ausgedrückt – dem Herrn dieser Welt, dem Teufel, keinen Tribut zu zahlen. Von solcher Anmaßung weiß auch die Tragödie, wenn beispielsweise Ödipus mit allen Kräften und Mitteln versucht, seinem von den Göttern geweissagten Schicksal und der damit verbundenen Schuld zu entgehen. Eine solche Haltung, welche versucht, der Schuld zu entgehen, ist aber gerade Ausdruck der hybriden Verblendung und Blindheit; deshalb wachen die Götter darüber, daß Ödipus lernt, nicht nur schuldig zu werden, sondern vor allem, seine Schuld zu konfrontieren.

Dies bedeutet aber, die Verantwortung für die Schuld zu übernehmen, obwohl sie unvermeidbar war. An dieser Stelle muß unsere Sichtweise sich wandeln. Wir müssen begreifen, daß die Schuld unvermeidbar ist, weil sie von den Göttern stammt, das will sagen, die Schuld ist metaphysisch und damit von der Art des menschlichen Handelns unabhängig. Nur, wer diesen Schritt nachvollzieht, kann die Größe der griechischen Tragödie sehen: sie kündet von der großartigen Ordnung des Seins, von der Geborgenheit, in der der Mensch west, sie weiß, daß nur das Göttliche überweltliche Dauer und Bestand hat und daß alles menschliche Tun niemals zum Heil, sondern immer nur zum Scheitern führt. Doch dies ist keine Aufforderung zum Nichtstun, sondern eine Zurechtrückung des Blickes auf das Wesentliche, denn das Tun hat seine Bedeutung nicht in seiner Form, sondern in seinem Inhalt. Das will sagen: Der Mensch muß handeln, sich verwirklichen, um dadurch zu lernen, um bewußter zu werden, um dadurch in Kontakt mit sich selbst, mit den Tiefen seines Wesens zu kommen. Handeln, tätige Auseinandersetzung mit der Welt, ist für den Menschen notwendig – doch nicht, weil es auf die Taten ankommt, sondern weil sie das Vehikel sind, um mit dem Unbekannten, dem Nouminosen in Berührung zu kommen. Für dieses Handeln trägt der Mensch die volle Verantwortung und er muß die Früchte ernten, die er gesät hat. Doch all dies hat nichts mit den herkömmlichen Begriffen von Gut und Böse zu tun. Gut und Böse entstammen einem polaren Bewußtsein. Menschliches Dasein ist polar – denn solange sich der Mensch als »Ich« empfindet, gibt es für ihn immer die Polarität von Ich und Nichtich, von Innen und Außen, von Ich und Welt – und auf dieser Grundunterscheidung aufbauend erleben wir alles Sein als Polaritäten. Jenseits dieser Polarität denken wir uns die Einheit. Wir können Einheit nicht wahrnehmen, ja, sie uns nicht einmal vorstellen, aber sie ist gedanklich zwingend, denn die Einheit ist ja die Polarität der Polarität. Diese Einheit nennt man auch Gott oder das Tao oder wie auch immer die Bezeichnung für diese metaphysische Wirklichkeit in den einzelnen Kulturen sein mögen. Die Einheit definiert sich als eine Zustandsform der Ununterschiedenheit. Man vergleicht sie häufig mit dem Licht, bevor es durch das Prisma fällt und damit in unterscheidbare Farben zerfällt. Die Einheit enthält alles, was ist, jedoch in der Ununterschiedenheit. In dieser Einheit, die wir vielleicht heute auch »kosmisches Bewußtsein« nennen würden, gibt es zwar »sein«, aber keine Existenz, keine Freiheit und keine Erkenntnis. Erkenntnis setzt die Spaltung von Subjekt und Objekt voraus und damit Polarität. Um ein »Erkennender« zu werden, muß der Mensch sich herauslösen aus der Einheit, sich ab-sondern, eine Grenze, ein Ich bilden. Diese Ab-sonderung nennt der hebräische Mythos »Sünde« oder Sturz (aus der Einheit in die Polarität). Die »Sünde« bezieht sich also auf den mit menschlicher Logik schwer darzustellenden, metaphysischen Schritt aus der Einheit in die Zweiheit. Sündig sein heißt polar sein. Die Polarität zwingt den Menschen nun, sich zu entscheiden, da er in der Polarität die Ganzheit nicht in ihrer Gleichzeitigkeit verwirklichen kann. So entstehen in der Subjektivität des Menschen Zeit, Raum und Welt. Nun ist der Mensch hineingestellt in die Gegensätzlichkeit, ist konflikthaft geworden und muß die Spannung ertragen. Wie immer er sich jetzt entscheidet, was immer er auch tut, er zeugt Unheil, er macht sich schuldig, *denn er ist schuldig.* Diese Zustandsform des nicht mehr Heilseins ist die Sünde bzw. das Böse. Die Polarität ist böse – die Einheit ist gut. In diesem Sinne mahnen die Religionen, das »Böse« oder die »Sünde« zu überwinden, um das »Heil«, die Einheit, Gott zu erlangen. Darum sagte Jesus: »Mein Reich ist nicht von dieser Welt.« Denn die Überwindung der Sünde ist gleichzeitig die Überwindung der Welt oder – wie der Osten formulieren würde – der Illusion Welt. Denn Welt entsteht ja dadurch, daß man sich absondert und dadurch sich nicht mehr mit allem identifiziert. Sünde kann also nicht durch »gute Werke« aufgehoben werden, denn den guten Werken fehlen dann die bösen Werke – und das ist der Fehler, die Schuld, die Sünde. So wie das Wort »Fehler« das »Fehlende« meint, so bezieht sich auch das Wort »Schuld« niemals auf das, was man tut, sondern auf das, was man durch sein Tun ungetan läßt und damit der Ganzheit schuldig bleibt. Deshalb macht Handeln immer schuldig, weil jedes Handeln einseitig ist und damit das Gleichgewicht stört. Da der Mensch aber gezwungen ist zu handeln, kann er der Schuld nicht entgehen – das wußte ursprünglich auch das Christentum und lehrte die Erbsünde. Diese Sünde als Mitgift der menschlichen Existenz gilt es zu begreifen – ohne sie einerseits zu verdrängen, zu leugnen oder die Verantwortung abzugeben, oder andererseits unter ihr zu ersticken oder zu versinken. Die Sünde ist das Unterpfand unserer Freiheit. Unser Ziel ist es, sie zu überwinden, nicht, ihr aus dem Weg zu gehen. Doch dazu müssen wir heil werden, und das kann man nur, wenn einem nichts mehr fehlt! Das Heil umfaßt eben das Gut *und* das Böse, allerdings in ihrer Ununterschiedenheit, wie das Licht Rot und Blau umfaßt, ohne daß diese aber in ihrem Sondersein erkennbar sind. Dieses Ziel kann aber nur durch die Verbindung der Gegensätze, durch die *conjunctio oppositorum* erreicht werden und niemals durch Vermeidung oder Ausschluß. Die wahrhaft schwierige Aufgabe des Menschen besteht eben darin, sich der Spannung der konflikthaft erscheinenden Gegensätze auszuliefern und diese Spannung zu nutzen, um daraus Bewußtheit zu keltern, analog dem Gesetz der Elektrizität, an dem wir schön ablesen können, daß Licht und Wärme nur dort entstehen, *wo beide* Pole in Beziehung gebracht werden. Natürlich ist es leichter, sein Handeln irgendwelchen Rezepten, Geboten und Vorschriften zu unterstellen, denn damit ist das Problem auf jene abgewälzt, welche diese Vorschriften erlassen haben. Doch diese Haltung geziemt nur Kindern; der wahrhaft Erwachsene übernimmt selbst die Verantwortung für sich und sein Tun. So bleibt es dem Menschen, der den Weg der Individuation betritt, nicht erspart zu entdecken, daß all das Böse in der Welt auch in ihm ist und daß dieses Böse, sein Schatten, jener Teil ist, der ihm zum Glück noch fehlt. Jetzt gilt es, mit der Liebe ernst zu machen; denn nur, wer das Böse liebt, kann es erlösen. Nur, wer Gut und Böse ins Gleichgewicht gebracht hat, ist wahrhaftig gut, denn nur er kann sehen, daß alles in Ordnung ist.

Vielleicht wird an keinem anderen Thema so sehr klar, wie schwierig der Weg zur Vollkommenheit ist. Das war wohl auch der Grund, warum ich mich bereit erklärt habe, ein Lesebuch zu diesem Thema zusammenzustellen. Hier scheiden sich oft schnell die Geister, hier wird die alte Lehre oft schnell entschärft, um die Illusion über sich selbst vor der Zerstörung zu bewahren. So lag es mir am Herzen, dieses heikle Thema durch Beispiele aus der Literatur zu beleuchten. Die Texte stammen ja aus sehr verschiedenen Zeiten und Kulturen und zeugen doch alle von dem tiefen Wissen über die wahre Natur von Gut und Böse. Wir aßen nun mal alle vom Baume der Erkenntnis des Guten und des Bösen – diese Erkenntnis machte uns sündig – doch nur das Gift kann zum Heilmittel werden. So ist es wiederum die Erkenntnisfähigkeit, welche uns lehren kann, die scheinbare Kluft zwischen Gut und Böse zu überbrücken. Wundert es dann noch, daß das Wort »erkennen« früher auch noch die körperliche Vereinigung von Mann und Frau meinte (»...und er erkannte sein Weib«)? Erkennen ist also nicht nur die Fähigkeit der Unterscheidung, sondern umschließt auch die Vereinigung der Gegensätze. Erkennen ist demnach ambivalent, es kann lösen *und* binden. Wir haben gelernt, den Unterschied zwischen Gut und Böse zu erkennen, lernen wir nun, ihre Gemeinsamkeit zu erkennen – damit wir der Ganzheit nichts schuldig bleiben.

QUELLEN

KHALIL GIBRAN
Von Gut und Böse (Übertragung: Karin Graf)
entnommen aus »Der Prophet«
© 1973 by Walter-Verlag AG, Olten

KHALIL GIBRAN
Satan (Übertragung: Eva M. Hirsch)
entnommen aus »Abgründe des Herzens«
© 1980 by Walter-Verlag AG, Olten

HENRI BOREL
Wu-Wei (Übertragung: Werner Zimmermann)
Auszug entnommen aus »Wu-Wei«
© Drei-Eichen-Verlag, Ergolding

S. RADHAKRISHNAN
Die Bhagavadgītā (Übertragung: Siegfried Lienhard)
entnommen aus »Die Bhagavadgītā«
© R. Löwit Verlag, Wiesbaden

CHÖGYAM TRUNGPA
Der Mythos Freiheit (Übertragung: Sylvia Luetjohann)
entnommen aus »Der Mythos Freiheit«
© 1989 by Theseus Verlag AG, Küsnacht

HERMANN WEIDELENER
Empörerschicksal
entnommen aus »Die Götter in uns«
© 1955, 1961 by Religionsphilosophische Arbeitsgemeinschaft e. V.,
Bismarckstr. 6, 8900 Augsburg.

HERBERT FRITSCHE
Der Ketzer – und warum Gott ihn braucht
entnommen aus »Der große Holunderbaum«
© 1982 by Ulrich Burgdorf, Verlag für homöopathische Literatur, Göttingen.

GUSTAV MEYRINK
Mond
entnommen aus »Der Golem«
© 1984 by Albert Langen Georg Müller Verlag in der F. A. Herbig Verlagsbuchhandlung GmbH München.

ALAN W. WATTS
Mythus und Ritus des Christentums
(Übertragung: Ursula von Mangoldt)
Auszug entnommen aus »Mythus und Ritus des Christentums«
© 1956 by O. W. Barth Verlag (im Scherz Verlag), München und Bern

OSKAR SCHMITZ
Ein Epilog über die »Ersten Dinge«
entnommen aus »Brevier für Einsame«
© 1923 by Georg Müller, München

Verlag und Herausgeber danken den einzelnen Verlagen für ihre freundliche Abdruckgenehmigung. In manchen Fällen waren die Rechteinhaber einiger Texte nicht zu ermitteln. Rechtmäßige Ansprüche werden auf Anforderung vom Verlag abgegolten.

Öffentliche Vorträge von Thorwald Dethlefsen auf Kassetten:

Astrologie und Schicksal	DM 22,–
Selbsterkenntnis- der Weg zur Bewußtwerdung	DM 22,–
Die esoterische Bedeutung von Weihnachten	DM 22,–
Homöopathie als Urprinzip	DM 22,–
Polarität und Einheit	DM 22,–
Gedanken zum Ostermysterium	DM 22,–
Esoterik – der Weg zur Selbstfindung	DM 22,–
Prometheus – Schuld und Sünde im menschlichen Dasein	DM 22,–
Astrologie als Symbolon	DM 22,–
Reinkarnationstherapie – Hintergründe und Theorie	DM 22,–
Vom Blei zum Gold – Alchemie als Wegbeschreibung	DM 22,–
Das Wort ward Fleisch	DM 22,–
Krankheitsbilder und ihre Be-Deutung (2 Kassetten)	DM 40,–
Krankheit als Weg (2 Kassetten)	DM 40,–
Krankheit, Schicksal, Heilung (Mimos Verlag)	DM 22,–
Ödipus – der Rätsellöser (2 Kassetten)	DM 40,–

Meditations-Kassetten:

Meditation I (Wiese – Baum)	DM 24,–
Körper & Chakren Meditation	DM 24,–

Anfragen und Bestellungen richten Sie bitte direkt an:

Hermetische Truhe

Kurfürstenstraße 45 · 80801 München · Telefon 089/2710650

GOLDMANN

Denken Sie positiv

Die Macht Ihrer Gedanken 12181

Kraftzentrale Unterbewußtsein 11740

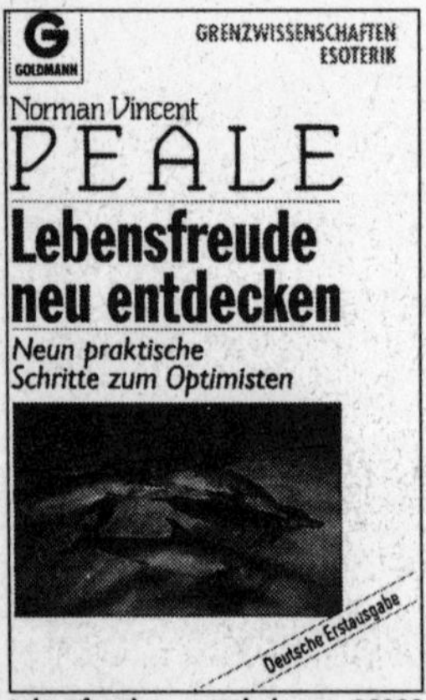

Lebensfreude neu entdecken 12092

Leben in Harmonie 11751

Goldmann · Der Taschenbuch-Verlag

GOLDMANN

Thorwald Dethlefsen

Schicksal als Chance 11723

Krankheit als Weg 11472

Das Leben nach dem Leben 11748

Gut und Böse 12114

Goldmann · Der Taschenbuch-Verlag

GOLDMANN TASCHENBÜCHER

Das Goldmann LeseZeichen mit dem Gesamtverzeichnis erhalten Sie im Buchhandel oder gegen eine Schutzgebühr von DM 3,50/öS 27,–/sFr 4,50 direkt beim Verlag

Literatur · Unterhaltung · Thriller · Frauen heute · Lesetip
FrauenLeben · Filmbücher · Horror · Pop-Biographien
Lesebücher · Krimi · True Life · Piccolo · Young Collection
Schicksale · Fantasy · Science-Fiction · Abenteuer
Spielebücher · Bestseller in Großschrift · Cartoon · Werkausgaben
Klassiker mit Erläuterungen

****

Sachbücher und Ratgeber:
Politik/Zeitgeschehen/Wirtschaft · Gesellschaft
Natur und Wissenschaft · Kirche und Gesellschaft · Psychologie und Lebenshilfe · Recht/Beruf/Geld · Hobby/Freizeit
Gesundheit und Ernährung · FrauenRatgeber · Sexualität und Partnerschaft · Ganzheitlich heilen · Spiritualität und Mystik
Esoterik

****

Ein SIEDLER-BUCH bei Goldmann
Magisch Reisen
ReiseAbenteuer
Handbücher und Nachschlagewerke

Goldmann Verlag · Neumarkter Str. 18 · 81664 München

Bitte senden Sie mir das neue Gesamtverzeichnis, Schutzgebühr DM 3,50

Name: ____________________

Straße: ____________________

PLZ/Ort: ____________________